田中舘愛橘ものがたり

(たなかだてあいきつ)

— ひ孫(まご)が語る「日本物理学の祖(そ)」—

松浦　明　著

もくじ

田中舘愛橘博士
（1856年～1952年）
安政3年　昭和27年

第一章　愛橘という人

第二章　田中舘愛橘の足跡

はじめに

雑司ヶ谷の愛橘の書斎で。父のひざにのる５～６歳の著者

日本物理学の祖、田中舘愛橘

みなさんは田中舘愛橘という名前を聞いたことがありますか。この人は私の曽祖父（ひいおじいさん）にあたります。愛橘の娘の娘の息子が私です。ひ孫ということになります。愛橘の娘が私の祖母（おばあさん）、孫が私の母（おかあさん）です。

愛橘ってどんなことをした人なの？　同じ時代、医学の野口英世、植物学の牧野富太郎、「雨ニモマケズ」の宮沢賢治はわかりやすい。

なにしろ愛橘が仕事としてとりくんだことが地球物理学（地震や火山など）、航空、メートル法、ローマ字と四つもあるのですから、イメージがつかみにくいのも当然といえるでしょう。

この本は愛橘についてできるだけわかりやすく説明するために書きました。

四つの事柄の説明がこの本の中心ですが、エピソードをたくさん残した人ですから、愛橘がどんな人だったかについて正面から、ひ孫の立場をふまえくわしく書くことにしました。ひとことでいってしまえば、明るく大らかでこまかいことにこだわらない人であったといえます。いつも人の役に立ちたいと考え、そのための努力をおしみませんでした。世界中の人々がみんななかよく手をとりあってしあわせにくらしていけるようになることが愛橘の理想でした。

　この本には写真や愛橘の書いた絵葉書など目でみたほうがわかりやすい資料ものっています。みなさんが愛橘のことを理解する大きな手がかりになることを、愛橘のひ孫として大いに期待しています。質問や意見などなんでもよろしいですから書いて送ってください。ローマ字で書いてもかまいません。できるだけそれらにお答えしていきたいと思っています。

さて、皆さんは愛橘の一番の目標はなんだったと思いますか。
それはちっとも難しくないこと――世界平和です。
愛橘の詠んだ和歌のなかに次のようなものがあります。

　神路山霞の奥を踏みわけて問はばや木々の花の盛りを

神様のすむ山に行きます。その山には霞がかかっています。その山にのぼっていくにはその霞のなかを進まなければなりません。まわりがぼんやりしているから、道を間違えるかもしれません。しかし手探り（てさぐ）でも進んでいくのです。なぜでしょう。そのぼんやりした霞のなかを進んでいくのは、その奥にいろいろな木々に満開の花が咲きほこっているすばらしい光景が待っているかもしれないからです。苦労してやっとたどり着いた満開の花。それこそが世界平和そのものです。さまざまな苦労も忘れるほどの美しさ。皆さんはその美しさを想像してみてください。

愛橋は68回も国際会議に出席しました。今とちがって愛橋が活躍（かつやく）していたころはヨーロッパに行くには大変な苦労をしなければなりませんでした。ジェット機などないから船か鉄道です。たくさんの会議に出るにはヨーロッパとの往復の時間と費用を節約するため、いったんヨーロッパに行くといろいろな会議に出るために会議のかけもちをしなければなりませんでした。

国際会議に出ると、待ち受けているのが語学力と意見の対立をいかにうまく調節するかでした。会議の種類がさまざまですから、頭の切り替えもすばやくしなければなりません。物理学、航空、メートル法、ローマ字——これらの会議に出ていた人たちがめざしていたものは、世の中が便利になり、それだけ世界の人たちの行き来が便利になり、その結果として世界の人たちがおたがいを理解しあうことが楽になることでした。

会議に出ている人たちは、その会議が成功をおさめるかどうかはっきりとわからない……不安や怒りやいらいらなどが会議に出た人たちにつきまとったでしょう。でも愛橘はそのなかを、霧のなかを手探りで着実にすすんでいきました。それは、愛橘がこうした会議の積み重ねこそが世界の平和につながると固く信じていたからです。きれいな花が咲き乱れる山奥の情景を見たいとせつに願っていたからです。

愛橘は国際会議だけでなく、日本国内で世界平和にむけてのいろいろな活動をしました。その具体的な話は第二章でくわしくお話しすることにいたしましょう。

エピソードあれこれ

■昭和天皇にご進講（お話をすること）をさせていただいた愛橘は、ある日ご進講がおわったあと天皇陛下から「田中舘、きょうはローマ字の話をしないのか」といわれたとか。母からこの話を聞いて、私は考えることがいろいろありました。「きょうは」というからには、おそらく愛橘はご進講のあとローマ字の話をすることがふつうになっていたのでしょう。そしてその日愛橘のローマ字論が聞けそうにないと察した天皇陛下が愛橘にそれをせがんだという実にほほえましい話。ローマ字のことになると天皇陛下であろうがだれであろうがとにかくその話に熱中する愛橘、その気持ちの純粋さに私は心うたれます。そして昭和天皇がことばに関心をもっておられたように推測できるのです。

■終戦直後、外出から帰った愛橘はとんでもない行動に出ました。手もちのイギリスのオックスフォード英語辞典をひっぱり出し、なにやらしらべています。街でみかけた「PACHINKO」というみなれないことば。その意味を、なんと英語辞典でみつけようというのです。奇想天外というか、ふつうの人がとても思いつかないことをやってのける愛橘。好奇心のかたまりだった愛橘。「パチンコ」というできたばかりの日本語が〝PACHINKO〟とローマ字で書かれていたので、あたらしい英語と考えてオックスフォード辞典を手にとったのでしょう。パチンコは愛橘がこよなく愛したズーズー弁（東北弁）ではパッツンコとなまってしまいます。当時最先端のできたてほやほやの日本語である「パチンコ」と世界の英語辞典の最高峰「オックスフォード辞典」というくみあわせ、なんと痛快なことでしょう。いかにも愛橘らしいエピソードではありませんか。

■昭和10年、貴族院で美濃部達吉が自分の主張する天皇機関説に関する演説をしたときのこと。愛橘は何人かの議員といっしょに拍手をしたのです。これが政府や軍部に目をつけられるきっかけとなり、憲兵が愛橘の自宅にとまりこみ、24時間体制で愛橘を見張ることになりました。とまりこみの憲兵の日常の世話をしたうら若き女性だった母が、私にこういいました。「まだ若い憲兵さんで、やさしそうな人だった」と。私は憲兵と聞くとなんだかおそろしい人というイメージだったので、とても意外な感じがしたことをよくおぼえています。憲兵がとまりこんだのは実は政府や軍部が愛橘を政治的に危険な人物とみなし、その考えや行動を監視するためだとばかり思っていましたが、しらべていくうちにそれはまちがいで、愛橘を危険人物とみなす右翼の人間が愛橘を襲い危害をくわえることから守るためであることを知りました。愛橘が貴族院議員だったころの話です。

■愛橘のやさしい人柄をしのばせる話はいくらでもありますが、私の身近な人たちから聞いた話を紹介します。

愛橘生誕の地・二戸市でも終焉の地・世田谷区経堂でも、子どもだった私の友だちが晩年の愛橘と接するところを私はまぢかに何度もみています。愛橘が子どもたちのあそんでいるへやにぶらりとはいってくる。白いひげをたくわえ、いつもニコニコ顔の愛橘は彼らのあそび相手として実にふさわしい人物でした。ひげをひっぱったり、愛橘とふざけあったり、たのしい会話をかわしたり――。愛橘にとってこの上ない気ばらしの時間でした。愛用のタイプライターをもちこんで、その打ち方を教えたり、ローマ字は便利だからしっかり勉強するんだよとはげます愛橘に、子どもたちがよってたかってなつくのも、ごく自然ななりゆきでした。70年たっても愛橘のことをわすれないかつての子どもたち。文化勲章を受けた国際人と子どもたち――なんとほほえましい光景でしょう。

「人物20世紀」から

■死ぬ直前まで自宅で愛弟子たちにかこまれて、にぎやかに楽しくすごすことができた愛橘はまことにしあわせものでした。そしてその情景を何度となくまのあたりにできた私もまた、しあわせものでした。祖母の美稲（愛橘の娘）がその会合が始まるころになると、「あきちゃん（私のこと）もおいでよ」といって、私をその仲間の一員として招き入れてくれたからです。みんなで歌っていた歌の名や歌詞まで今もはっきりおぼえています。師弟愛そのものがそこにありました。先生と教え子たちの間にはなんの壁もないのです。定期的に出席してくださったお弟子さんたちの名前も、いまでもすらすらといえます。なにもわからずただその集まりに加わっていた私は、出席していくうちに、それがなんの集まりかわかってきました。お弟子さんたちの年齢の差はありましたが、そのちがいを感じさせないところが私は気に入っていました。

■『人物20世紀』（講談社）という本があります。その愛橘の項目に愛橘と私がいっしょにうつっている写真があります。その写真をみるとき、その日のことをかならず思い出します。ひとりであそんでいた私のところに二人の女中さんがやってきて、「おぼっちゃま、新聞社のかたがおいでになりましたので、このお洋服に着がえていただきます」というなり、気がむかない私の服をぬがせて、着たこともない水兵服をむりやりに着せました。だれの指示かは知りませんが、こちらの気持ちからすると、いきなり着なれない水兵服を着せて写真をとらせるというのは、はなはだおもしろくないのです。写真にはひ孫といっしょに写真におさまる上機嫌の愛橋と不機嫌そのものの私の対照的な表情がはっきりみてとれます。おとなの思惑とそれに子どもなりの抵抗を試みる私のちがいが、いま考えるとおもしろいものです。

「くしもち会」

■愛橋の出身地（二戸市）には、くしもち会という集まりがあって、その土地の食材をもとに、くしもちという名のもちを女性たちがつくってはそれを食べながら楽しくすごすならわしがありました。この写真は戦後愛橋が帰省した折のくしもち会のようすで、愛橋が地元のもちをおいしそうにたべているのがよくわかります。愛橋は戦後毎年夏が近づくと約半年をふるさとですごすために東京をはなれました。私もその時期の夏休みを愛橘や美稲といっしょにこの写真の家ですごしつつ東北の夏を存分に楽しみました。私には今もわすれられない楽しい思い出の連続です。ここにうつっている写真の家が私の手に移ったあと、二〇〇二年に土地と共に二戸市に寄贈しました。私はこの家で毎年愛橘に関する市民向けの講座や地元の小学校で小学生むけの出前講座をさせていただきました。

二戸市の小学校で愛橘出前講座を実施。

■あるとき私の母がしみじみとつぶやきました。「おじいちゃん（愛橘のこと）はローマ字運動のためにあり金全部はたいちゃったからねぇ」と。愛橘死去のころだったと記憶しています。母のそのことばには、愛橘の手がけた航空機の発達やメートル法の普及にくらべて、日本式ローマ字の普及が思うように進まない当時の状況に対するいらだちが感じられます。私は愛橘の収入や財産の状況については何も知りません。ローマ字運動にどれくらいのお金をつぎこんだのかもわかりません。ただ、自分が正しいと思うことには献身的な努力をする愛橘からすると、すこしでもローマ字運動を前に進めるためにふだんの活動に少しでも役に立てばという思いから、お金を少しずつだしていたことは容易に想像できます。たとえそれが単なる気休め、自己満足だったとしても、です。ついでにいえば、私は愛橘から母や友だちが受けたようなローマ字の手ほどきをいっさい受けていません。考えてみれば、ふしぎな話ではありません。

田中舘愛橘の声の記録「子どもたちへ」

昭和26年8月19日の録音より

ローマ字は、いちばん世界中にひろまる文字

ローマ字か。とにかく、話というものは、ひろくひろがらなくちゃきき目がない。一人や二人でしゃべっていても、他の人がわからなきゃさっぱりきき目がない。欧米（おうべい）の人たちがわからなくちゃ。欧米にわからせることといえば、サンフランシスコで総理大臣がしゃべっていることは、日本人は、さておいて、世界中に皆…それがわかるようにならなければ。

そうするから、やっぱり言葉（ことば）をならうのだ。書く文字もひろくわかるようにしたいというのは、今のところローマ字。先のことを言えばもっといいものになるかもしれ

ないけれども、さしあたりのところはローマ字が一番世界中にひろまる文字だ。

私は数え年で15、16の時に東京へ行って、はじめてＡＢＣを習った。あなたたちもＡＢＣを習っているだろ？

ＡＢＣを習った。それは今からもう70年も前だな。一年経ったら、幾何学だ、代数だ、万国歴史だというものを一人で読めるようになった。

今のあんたがた、新聞を読める人が何人いるか？　手をあげてごらん。あ〜、えらいえらい。

〈太陽と月とどっちが大きいですか？〉

つぎは、どっちが遠いか近いか。どっちが遠い？

そうだね。それじゃ、その日食だ、月食だというのは、どうしてできます？

日食というのは、日が隠れてしまう、見たことあるか、見たことないな、まだ。

それは幾何学だね。幾何学なんていうものは理屈も言葉もない、大きいもの、小さいものっていうものがあるんですが、小さいものが大きいものを隠すようなもの。いろいろなことを皆さんが習うだろうがね、今から二千年余り大昔の学者がね、初めて大学というものを建てて、プラトンというギリシャ人から…その門に札をかけて「幾何学を知らない者はこの門をくぐるな！」と書いた。

幾何学というものはどんなものかわかったか？

新聞を読むのもたいへんだよ。仮名がなかったら読めない。

皆さんは読めるかもしれないがこの年寄りは読めない。知らない言葉がたくさん出てくる。どうだ、あんたがたみんなあれ、バラバラっと読めるか？

さっき、新聞を読めるか？　って聞いたとき手をあげたけど、ただ、読んだのか、読もうとしたのか。（笑）

〈日本の科学は進んでいるのでしょうか？〉

それはね、面白い問いだ。よく準備してきました。一人で準備したか、準備させら

れたかはわからないが。（笑）

科学が進んでいるということはね、ずいぶんあるように新聞でも雑誌でも書いてあるものがあります。けれども、本当に科学という名のつくようなものにしたのは西洋にくらべ遅れているようだ。ただ、昔にいけば、どうだかわからない。

夜昼がある、寒くなったり暑くなったりする。なぜかというと、天文だな。こういうことを支那（中国）の人が先にやったか西洋の人が先にやったか、いろいろな書物に書いてあります。

ところが、この頃になってからだが、あるものは東洋から西洋へ行って、それをまた西洋から持ってきた。それを「逆輸入」という。「逆輸入」という言葉を知っているか、皆？　こっちから行ったものを、また持ってくるということ。相撲なんかでは「逆の手をかける」という。

やあ！　こっちから仕掛けられた、それをこっちから引っ張り倒す、というのを「逆の手をかける」というんだ。

私に問いを仕掛ける、その問いにまたこっちから仕掛けるというのもある。先生から習ったものをもって先生をいじめる、というように逆を仕掛ける。そういうことを今は「逆襲」と言う。

それでね、せっかくの問題忘れてしまった…

日本が西洋に優れているか、科学はどうだということですから、今になってみると、あるものは科学ということ、科学の応用。応用なんて言葉わかっていましょうね。そういうもので、あるものは進んでいる、ところが、優れた人はあっても、ひとり、ふたりきりで、一般の国の人たちはそれを知らない。今の言葉でいうと「デモクラシー」ということがあるが、デモクラシー、知っているか？　よく新聞に書いてある。「デモクラシー」。「民主政治」という、難しい字で書く。

たくさんの人はそうやらないということだ。わずかの人がそれをしてる、ということだ。

たとえば、日本の文学、紫式部とか小野小町だとか、女性で偉い文学者がある。

これをフランスの学者が書いたのを読んだが、「フランスの文学は日本の文学よりも五百年遅れている」と書いている。それから「支那の文学とフランスの文学を比べると千年遅れている」と書いていますよ。

フランスより五百年先を行っている日本には何を書いてあるかっていうと、清少納言の『枕草子』というものがある。春は曙ようよう…といったものがきれいに書いてある。

なるほど歴史を読んでみたらわかります。その頃のフランスはめちゃくちゃになっている。ほうぼうで打ったり打たれたりしているころです。

湯川秀樹さんが（中間子理論）でノーベルプライズを獲った。世界中の学者にやる賞だ。発明というものはなかなかそのときに（賞を）やるもんじゃない。

皆、偉い偉いなんていわれるものは目の前の当座なものだ。

新聞を見ると、私など、どうも山をかけて褒めて書いてある、誠に恥ずかしくて冷や汗がでる。

湯川さんがやったものは、一九三五年からだ。ちゃんと英文で理論を書いてね、どうしてもこういうものはなくちゃならない、で、その値はこれこれだ、と、値までちゃんと数字を出してある。これくらいの目方のものでこういうものはなくちゃならない、と書いてある。ところが多くのものが「そんなもの、あるか」と笑ってしまった。しかし2年間たった後に出てきた。アメリカの人がやってみると、どうしても湯川さんの言ったものがとれた。勘定してみると湯川さんが書いてあるとおりの目方が出てくる。日本でもやってみるとちゃんと出てくる、そういうわけです。

湯川さんの話は、向こう（海外から）から、大学者の会があり、おいでくださいと招待された。ところが政府の人がいくらか科学に考えがあったら招待されたらすぐにでも受けるべきところを、そんな（旅費等の）お金がなくて、日本の学者たちが大騒ぎしてどうにかして金を集めたいと思っていたが、そのうち今度の戦が突発してその会は流れてしまった。

湯川　秀樹（ゆかわ　ひでき、一九〇七年（明治40年）1月23日〜一九八一年（昭和56年）9月8日）。一九四九年（昭和24年）日本人として初めてのノーベル物理学賞を受賞。

これからの仕事でも何でも一般の人がわからなくちゃならない。これから皆、学者にもなろうし、実業家にもなろうしという人たちだ。偉い人になるが、偉い人だけではなく、全体の人皆が偉い人にならなきゃだめですよ。俺だけ偉い人になる、と誰でもそう思うわけですが、自分が偉い人になったら他の人を皆偉い人にすると思ってやらなきゃだめですよ。

〈先生は長生きをなさっていますが、
どうしてだとお考えになりますか？〉

これはなんべんも聞かれた。放送も、いくらもしたしね。書かされたり、もうあきあきしてる。

長生きをしたいと思うが、死にたいとは思わないです。長生きの法をひとくちで言えば貧乏をしていることだ。

私の友達はもう、たいがい死にました。

偉くなった人は、お金がありすぎて、飲み過ぎたり食べ過ぎたりね。心配し過ぎたりすることもある。妾の人を二人も三人も置くような。そういう人はころころと死んでしまう。貧乏していればそうゆうことは出来ないよなぁ。

〈名誉町民になりましたが、どうお考えですか？〉

これはどうも、もってのほかだ。そんなことはよしてください、と言いましたよ。

私は福岡（今の岩手県二戸市）へ帰って勧善寺、善導寺、龍岩寺にお参りし、父母を始めとして、皆に迷惑をかけた。それをどうも謝りきれない。そんな名誉町民なんてもってのほかだ。どうかやめてくださいと、そういっております。

名誉町民になったからといって、飲み食いを始めることは、まっぴらごめんだ。長生きが止まってしまう。（一同爆笑）

〈いろいろな雑誌に、ロケットで月に行く、
ということが書いてありますが、行けるようになるでしょうか？〉

さっき「幾何学を知らないものは、この門をくぐるな！」と言われたように、つまり、いま合理的というが、ある人の考えで、こうすると行ける、という考えを言ったのはある。お月様よりも、もっと先まで行けることを考えてある。

地球から引っ張られている力が…

（おわり。話途中ですが、録音テープが無くなったと思われます。二戸市のシビックセンターにてテープ放送をしています。）

第一章　愛橘という人

晩年経堂の自宅でくつろぐ。

福岡での愛橘への教育

5歳で家で手習い、叔父から和漢の書を授けられる。

9歳、正式に下斗米軍七の門に入り手習いは欠端武敏に弟子入り。

実用流を教えられ実地に生かすよう教えられた。

どんな時でも百万の敵が目前にいると思えということ。

うしろから肩押され突き倒されそうになるとき押し戻すのでなく、押されたなりに前へ進み押した人の力を利用してすぐに体をまわして刀をぬく心がけはいつも身につけるべし。

父、叔父にならって木太刀で素打ちを数百回、槍の突きも馬にもよく乗り、馬具のないときは裸馬に乗った。

代々兵学の家だから家庭のしつけはきびしく、座布団は病気の時以外敷かせない。

朝の顔洗いはどんなに寒くとも水。

実用流の剣、槍、薙刀、柔術。

日本、中国の兵学をいろいろ読まされた。スパルタの厳しい教育だった。

Yama-Kawa no mamoru
Sugata no Kunohezyō
Nimanno Hei o sasaete
haruka Tonari mo
Te o nobasi
Buyū kisoeru Kai mo naku
Koto o ayamaru
Sikohōsi !
Kimi morotomoni
teru Hana no Na nomi
nokoseru Masurao o
tare ka tomurau !
Siro-Ato no Yowa no
Arasi ni
Huru-Kitune naku.

二戸の九戸城落城の悲劇を漢語でよみ、それをローマ字に訳したもの。城あとにこれの石碑が立っている。

1　愛橘らしさを考える

愛橘らしさというとき、それは愛橘だけの特性（とくせい）というわけではありません。ほかの人と共通する部分がほとんどといってさしつかえないでしょう。愛橘を知る人々が指摘（してき）していることや、ひ孫の私から見てそう思えることなどを、以下にとりあえず列挙（れっきょ）してみます。

一、バランス感覚

長年の学問研究や国際会議出席などから身についた感覚といってよいと思います。融通（ゆうづう）無碍（むげ）（こだわりがなく自由であること）の精神構造から生み出された具体例をいくつかあげてみます。理学博士だった愛橘の芸術志向は文系・理系のたくまざる混然（こんぜん）一体の表現といえます。

理学的理論をもとに考え出した日本式ローマ字で、自分が詠（よ）んだ和歌を筆書きにする。和洋折衷（わようせっちゅう）のよい例です。和紙に描いた山水画風の絵や音楽に興味をいだき、仲間との合奏を楽しんだこともありました。

二、黒子の役に徹した愛橘

日本学士院の資料には、愛橘が弟子たちの論文を学士院の会員たちに紹介した例がいくつも残されています。弟子たちを励まし日本の科学の発展に最大限の努力をした愛橘には、ごく自然な行動だったと思います。愛橘がこの世を去る直前まで、愛弟子たちを励まし続けた姿を私は忘れることができないのです。大正5年に愛橘が大学在職25年の祝賀会の席上で、「辞職願をただいま提出してきました」と打ち明けて、居並ぶ名士たちを仰天させ、大学の定年制の礎を築いたことも思い出されます。これこそが愛橘らしいといっていいでしょう。

三、ユーモアの人、愛橘

和を重んじ楽天主義をつらぬいた愛橘。

愛橘の主義、信念、態度が国籍の違いをこえて国際会議での成功に、どれほど寄与したことでしょう。種々の国際会議の出席回数が68回という超人的記録にはいろいろな理由が考えられますが、私にはこの愛橘の明るい性格と態度、ズーズー弁に通ずるおそらくナマリのあった愛橘の英語なども、出席者の共感を得て出席回数をのばしたのではないかと考えています。私は愛橘と約14年間生活を共にしました。叱られた経験がまったくないのです。いつも明るい笑顔で人に接し、晩年に5人のひ孫たちにかこまれ、しあわせそのものだった愛橘。家じゅうに響く大きな笑い声が私たちをどんなに明るくしたか。いまでも私の耳にその笑い声が鳴り響きます。

四、ズーズー弁

愛橘は死ぬまでふるさとの言葉であるズーズー弁を捨てませんでした。というよりもそれにこだわったようです。いつも庶民の目線でものごとを考えていた愛橘にとって、それは首尾一貫した態度でした。東大名誉教授とイナカ弁まる出し——これぞ愛橘らしさの最高峰と呼んでさしつかえないでしょう。

この態度が庶民の目線のローマ字運動や通俗講演へとつながっていく。これらのことが愛橘の意識のなかで、なんの抵抗もなく共存しているところが、いかにも愛橘らしいのです。

五、先見の明

前にのべた定年制の創始がその典型といえますが、ローマ字がこれほど日常生活に普及したこともここに入れられましょうか。愛橋はローマ字だけで日常の日本語の文章を書くことをめざしていたので、いまの日本語の表記の実態は、それとはかけはなれています。最近私は考えがすこし変わりました。たとえローマ字で文章を書かないまでも、理想をそんなに高く掲げなくとも、ローマ字という文字が以前にくらべて日常生活のなかにじわりと浸み込み、広がり始めているのかと思うことがあります。私が生活している老人ホームのレストランでのこと、そこの書類に私の署名を何気なくローマ字で書いたところ、カッコいいといって大喜びされました。まったく予想外の反応でした。しかもその若者が辞める時のわかれのことばに、私のローマ字の話も絶対忘れないと。信じられない気持ちで涙が出そうになりました。自己流のつづりもあるとはいえ、企業の名前もローマ字がめだってふえました。目にはみえないけれど、こうして強制されないのに自然にローマ字が広まっていくことに私は注目しています。漢字の不便さや国際化などの理由が考えられるでしょう。

ほかに愛橋の先見の明の例として、ユーモアの大切さが最近見直されていることや、グロービッシュ（Globish）と呼ばれる英語（P・149参照）が、認められつつある実態も、愛橘の国際会議の英語を彷彿とさせます。

つぎにこれらの要素が複雑にからまりあっている例を三つあげます。

1. その第一は国際会議。いかにも愛橘らしいことが幾重にもかさなってあらわれてきます。まずは愛橘の柔軟な発想、いろいろな分野を自由に飛び越えられる天衣無縫さが、先にのべたことと共鳴しあって国際会議の愛橘を強力に支えたことでしょう。日本のため、世界のために活躍した愛橘、国際交流の大切さをはやくから見抜いてそれに力を注いだ愛橘。ユーモアと今でいうグロービッシュと人と人の輪と和……数えだしたらきりがない。愛橘がそのすべてを結集して大きく花咲かせたのが国際会議という場だったと私は考えています。

2. 第二はローマ字。ここにも愛橘らしさが凝縮されています。だれにも使いやすい文字、世界に通じ国際化に役立つ国際文字、筆を使って和歌も書ける文字、なんでもござれの文字。愛橘にとってのローマ字はそういう文字だったのでしょう。

3. 第三は黒子の役。先見の明はいうに及ばず愛橘の基本的な性格がここにかかわってきます。

愛橘はどんなことをした人かが、普通の人にはわかりにくいと思います。とらえどころがないのです。医学の野口英世、植物学の牧野富太郎のようにはいかないところがいかにも愛橘らしいのです。

専門分野が四つもあるうえ、有名な発明や発見をしたわけでもない。黒子だったからか弟子のほうが愛橘より有名な例はいくつもあります。地球物理学の寺田寅彦しかり、本多光太郎しかり、Z項の木村栄しかり、原子モデルの長岡半太郎しかり、愛橘はそんな状況をどう思うでしょうか。はっ、はっ、はっと笑い飛ばして大いによろこぶでしょう。

2　発想のユニークさ

愛橘の発想のユニークさはいろいろなことからうかがい知ることができます。

長持（木箱）を使ってその両端の板を切りおとし飛行機の研究に役立てる気流の研究、すなわち風洞実験をくりかえしおこなったこと、こうしたつみかさねが現在の新幹線やリニアモーターカーに役立っていることを知るにつけ……長持とリニアモーターカー…だれがこのふたつをむすびつけられるでしょうか。

60歳になったとたん、祝賀会の席上で辞表を出してきたといってのけるその豪傑ぶり——とてもついていけないと思う人もいるでしょう。いつまでも年よりが教職にしがみついていないで若い人にすすんで道をゆずるという、今でこそ定年制は社会にいきわたっていますが、当時はきわめて斬新でユニークな発想だったと本に書いてあります。

そしてもうひとつがニュートン祭。ニュートンまつりでなくニュートンさいです。聞いたことない、それなあに？　という声がおきそうですね。今でも東京大学や、その他の大学でおこなわれている行事です。そもそものいいだしっぺは愛橘だったといわれています。愛橘は毎年招かれていたらしく、あるとき私をその催しにつれていってくれました。なんだかよくわからないという顔をして愛橘のとなりにすわっていると、ハイドンの弦楽合奏の曲がはじまりました。一番前でチェロかビオラを一生懸命ひいていた詰め衿の学生服を着た大学生の姿が今も忘れられません。

　このニュートン祭というのは、アイザック・ニュートンの誕生日が12月25日だったので、1年で一番にぎやかになるこの日に、東大物理学科の教授と学生の親睦をはかる目的ではじめられたと聞いています。ニュートンとクリスマス、教授と学生の交流をはかるという目的——愛橘のユニークさと人と人とのまじわりを大切にする愛橘らしい催しと私は考えます。

外国人女性たちに大モテの愛橘。いかにもうれしそう。

3　ユーモアの人、愛橘

ユーモアをぬきに愛橘という人物を考えることはできません。むっつりしたり、ふさぎこんでいる愛橘を私は想像することができないのです。

ユーモアってなんでしょう。単なる笑いでしょうか。冗談(じょうだん)をとばして人を笑わせればそれでおわりなのでしょうか。

ユーモアのある生活をしようとしても性格的になかなかできない人もいるでしょう。ですからむずかしいと思いながらむりに作り笑いする必要もありません。人にはそれぞれの持ち味というものがあり、それを補(おぎな)いあってゆたかな人間社会がうまれればそれでよいと思います。

愛橘のユーモアについてお話しします。愛橘は生まれつき笑いの絶えない人だったというわけではないでしょう。母親を幼いころなくしたときは子どもだったし、ずいぶん泣いたようですし、友だちを

エッフェル塔にのぼったことが書いてあり、終りの方でちょっぴりユーモアが顔を出す。わかるかな。

5-gt 19-nt

Kyô minasan to
issyoni Eiffel-tô
(ehhueru-tô) ni
noborimasita. Tenki
ga yokute, tôku made
miemasita ga Tôkyô
wa yoku mienakatta

via Siberie

Mlle Tanakadate
Koisikawaku
Zôsigayamati 144
Tôkyô
Nippon

笑わせてばかりいたというわけでもなさそうです。しかし大学へ入って外国人教師の教えを受けるようになって、少しずつユーモアの精神が育っていったように思います。愛橘のユーモアがすこしずつ身についていったのは、国際会議の回数がふえていったのと無関係ではないでしょう。数10人の外国の代表の人たちとむずかしい問題をとりあげて議論する、どんなにむずかしくても一定の結論を出さなければならないときの愛橘の苦しみ、そのころの会議に関する書類をみるにつけ、その苦労が思いやられます。そういう時に力を発揮したのが、ユーモアの精神だったのではないでしょうか。

　会議中の愛橘のユーモアといっても、おかしなことをいって人々を笑わせるという単純なものではなかったはずです。愛橘のことばがユーモラスにきこえたのは、発音と文法が完ぺきな英語ではなく、すこしなまりのまじった英語で、いかにも愛橘らしいおどけた感じのする英語だったからだと思われます。私も外国の話しあいの場で、なまりのまじったアジアの人たちの英語を聞いたときの心のやすらぎを忘れることができません。意見のとりまとめがうまくいかないときの愛橘の、なんとかしたい気持ちを愛橘のユーモラスな英語が、英語を母語とする人々にだけでなく、母語としない人々にも親しみを感じさせ、議事がよい方向にむかう手助けになったことでしょう。

愛橘のユーモア精神は、生活のいろいろな面にみられました。なんといっても人が愛橘をたずねてやってきたときの愛橘の応待の仕方が明るかったし、耳が遠く声が大きかったので家中が笑いにつつまれているような状態でした。とにかく愛橘のいるところ、笑いが絶えない、東京でもふるさと福岡（現在の二戸市）でもそうでした。とくに笑わせようとしなくても、愛橘がいるだけでその場の雰囲気が明るくなるのです。

国際会議の合間に外国人となごやかに話しあう愛橋。

4　ひろがっていく愛橋のことばの世界

愛橋のことばの世界は若い頃から年齢をかさねるにつれてひろがりをみせていきます。まずはふるさとの岩手県福岡（現在の二戸市）です。愛橋は幼いころから文武両道のきびしい教育を受けました。それが愛橋の性格とその後の人生における学問への姿勢を形成していったのです。そのことを愛橋は一生忘れず、その恩返しをしに何度も遠路福岡へ帰ったのです。福岡でたたきこまれたのは和漢の書の教育であったと同時に、武術においては生きるか死ぬかの真剣勝負の精神を愛橋に身につけさせました。

その精神こそが愛橋の68回に及ぶ国際会議での活躍に大いに役立ったのでした。盛岡でも教育を受けたあと愛橋は家族といっしょに明治5年上京しました。福岡では東北弁を話していた愛橋は江戸から東京に変わったばかりの大都市で、まだ標準語もできていない混沌とした言語状況にさぞかしとまどったことでしょう。

上京すると、愛橋は父に相談して理科方面の学問に打ち込もうと決意し、東京大学入学をめざして努力しはじめます。福岡で受けた漢文調の日本語だけの生活から一気に英語づけの大都会での生活——ことばに対する頭の切りかえは、山あいの福岡村から文明開化に洗われ近代都市へ向けて大きく変容しつつあった東京という大都会での生活への頭の切りかえとならんで、愛橋には大きな負担になったことは容易に想像できます。

愛橋にとって目の前に大きく広がる外国語の世界——そんな環境の変化に愛橋は何を考えたでしょうか。ただ、ただ大学にはいるための手段としての英語の勉強だったのか、それとも受験勉強だけではないそれ以外の付加価値を感じていたのでしょうか。単に紙に書かれた文字だけをたよりにした勉強ではない、生きた生身の外国人から受けた一対一の英語の勉強や一流の外国人からの刺激（アメリカ人学者モースによる「進化論」の講義など）は愛橋の外国語への理解を立体的に深めさせることに役立ったことはまちがいありません。

そして大学へはいってからのユーイングとメンデンホールから受けた英語を通じての物理学という専門分野の教育、さらにグラスゴー大学でのケルビン教授の直接指導——愛橋にとっての語学の頂点は、いうまでもなく国際会議の場でした。

これが愛橘のことばの世界の集大成です。そしてさらにいえば、ズーズー弁やローマ字も愛橘のことばの世界をひろげる手助けをしたのです。

愛橘のことばの世界とは一体何だったのか、私はそこに愛橘のことばの世界のひろがりと奥深さを感じないわけにはいかないのです。あくまでもかたよらず公平に、バランスよく、……実に気持がいいですね。私は愛橘が物理学者でなく言語学者だったら、どんな人生を送っただろうと考えるときがあります。地震の研究をし、航空の実用化に奮闘し、メートル法の普及に精を出す、そのかたわらローマ字の和歌に筆をとる――そんな愛橘が私は大すきです。

5 愛橋とグラスゴー大学とケルビン

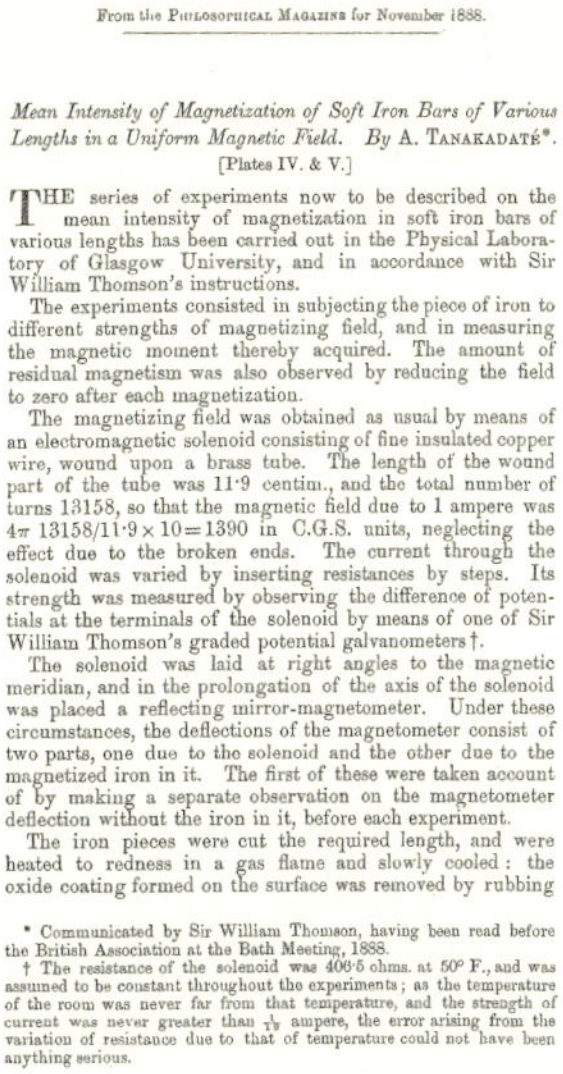

From the PHILOSOPHICAL MAGAZINE for November 1888.

Mean Intensity of Magnetization of Soft Iron Bars of Various Lengths in a Uniform Magnetic Field. By A. TANAKADATÉ*.
[Plates IV. & V.]

THE series of experiments now to be described on the mean intensity of magnetization in soft iron bars of various lengths has been carried out in the Physical Laboratory of Glasgow University, and in accordance with Sir William Thomson's instructions.

The experiments consisted in subjecting the piece of iron to different strengths of magnetizing field, and in measuring the magnetic moment thereby acquired. The amount of residual magnetism was also observed by reducing the field to zero after each magnetization.

The magnetizing field was obtained as usual by means of an electromagnetic solenoid consisting of fine insulated copper wire, wound upon a brass tube. The length of the wound part of the tube was 11·9 centim., and the total number of turns 13158, so that the magnetic field due to 1 ampere was $4\pi\ 13158/11 \cdot 9 \times 10 = 1390$ in C.G.S. units, neglecting the effect due to the broken ends. The current through the solenoid was varied by inserting resistances by steps. Its strength was measured by observing the difference of potentials at the terminals of the solenoid by means of one of Sir William Thomson's graded potential galvanometers†.

The solenoid was laid at right angles to the magnetic meridian, and in the prolongation of the axis of the solenoid was placed a reflecting mirror-magnetometer. Under these circumstances, the deflections of the magnetometer consist of two parts, one due to the solenoid and the other due to the magnetized iron in it. The first of these were taken account of by making a separate observation on the magnetometer deflection without the iron in it, before each experiment.

The iron pieces were cut the required length, and were heated to redness in a gas flame and slowly cooled: the oxide coating formed on the surface was removed by rubbing

* Communicated by Sir William Thomson, having been read before the British Association at the Bath Meeting, 1888.

† The resistance of the solenoid was 406·5 ohms. at 50° F., and was assumed to be constant throughout the experiments; as the temperature of the room was never far from that temperature, and the strength of current was never greater than $\frac{1}{10}$ ampere, the error arising from the variation of resistance due to that of temperature could not have been anything serious.

グラスゴー大学へ提出された実験の報告書。ケルビンの指導を受けたとある。

GLASGOW UNIVERSITY PHYSICAL SOCIETY.

The Magnetic Funnel and some of its Applications.

BY

A. TANAKADATE.

Abstract of Paper read at the Meeting, November 16th, 1888.

—

SESSION 1888-9.

グラスゴー大学物理学会で口頭発表された論文の要約。

愛橋は明治21年1月から、イギリスの一部、スコットランドのグラスゴー大学に入学し、そこで物理学を本場の外国人教師から学ぶことになります。この外国で専門の物理学やその他のことを学んだことが愛橋にとってどんな意味をもつのかを考えることにします。

参考までに3冊の愛橋伝記をしらべてみましょう。中村清二氏の伝記『田中館愛橋先生』ではこの留学について独立した章を設けて論じてはおらず、いくつかの章でこのことについてのべているだけですが、『雲神（うんじん）』という本では、ひとつの章でこのことを論じています。

SYLLABUS.

Date.	Subject.	Essayist.
1888.		
Sept. 14	President's Address,	Mr. M. Maclean, M.A.
,, 28	The Electric Fishes,	Prof. M'Kendrick, F.R.S.
Oct. 12	Experiments, &c.,	By Members.
,, 26	Determination of Molecular Weights,	Mr. G. G. Henderson, M.A.
Nov. 9	Magnetic Leakage,	Mr. A. Tanakadate, B.Sc. (Japan.)
,, 23	Experiments, &c.,	By Members.
Dec. 14	Contact Electricity,	Mr. J. T. Bottomley, F.R.S.
,, 24	Fifth Annual Meeting.	
1889.		
Jan. 11	Experiments, &c.,	By Members.
,, 25	Peculiarities observed in testing materials,	Mr. W. Cleland, B.Sc.
Feb. 8	Electrical resistance of some Rocks,	Mr. T. Shields, M.A.
,, 22	Electrolysis of Zinc Salts,	Mr. J. Erskine Murray.
Mar. 8	Electrical Annunciators,	Mr. M. Sutherland.
,, 22	Some points in Alternate Current Transformers,	Mr. J. Rennie.
Apr. 12	Lines of Force,	Mr. J. M'Cowan, M.A.

グラスゴー大学における愛橘の英語による講義

一方、娘の美稲の伝記『私の父　田中舘愛橘』では、国際会議のことはかなりくわしく説明しているのに、グラスゴーの記述はわずかです。このように3冊の伝記のグラスゴー留学の扱いはそれぞれに特徴があり、それなりに重点のおき方がちがっているのです。

私とグラスゴー大学とのむすびつきといえば、2回の大学の訪問と愛橘の資料提供（ていきょう）に集約されます。第1回は一九七〇年の夏に英語教育に関する語学研修をアイルランドの首都ダブリンで受けた際、エジンバラからバスでグラスゴーをおとずれ、グラスゴー大学の建物を外からながめたという経験です。現地での人との交流はなく、単に建物をみてグラスゴーの市街地（しがいち）を散策（さんさく）して、愛橘の留学当時のことに思いをはせるというだけのことでした。ほんの数時間のかけ足見学でしたが、それなりに私には思い出深い訪問でした。その途中で受けたスコットランドの人々のあたたかい好意も、わすれがたい思い出となっています。

第2回は二〇〇五年の夏で、第1回とは大ちがいの重みを感じさせる訪問でした。まず

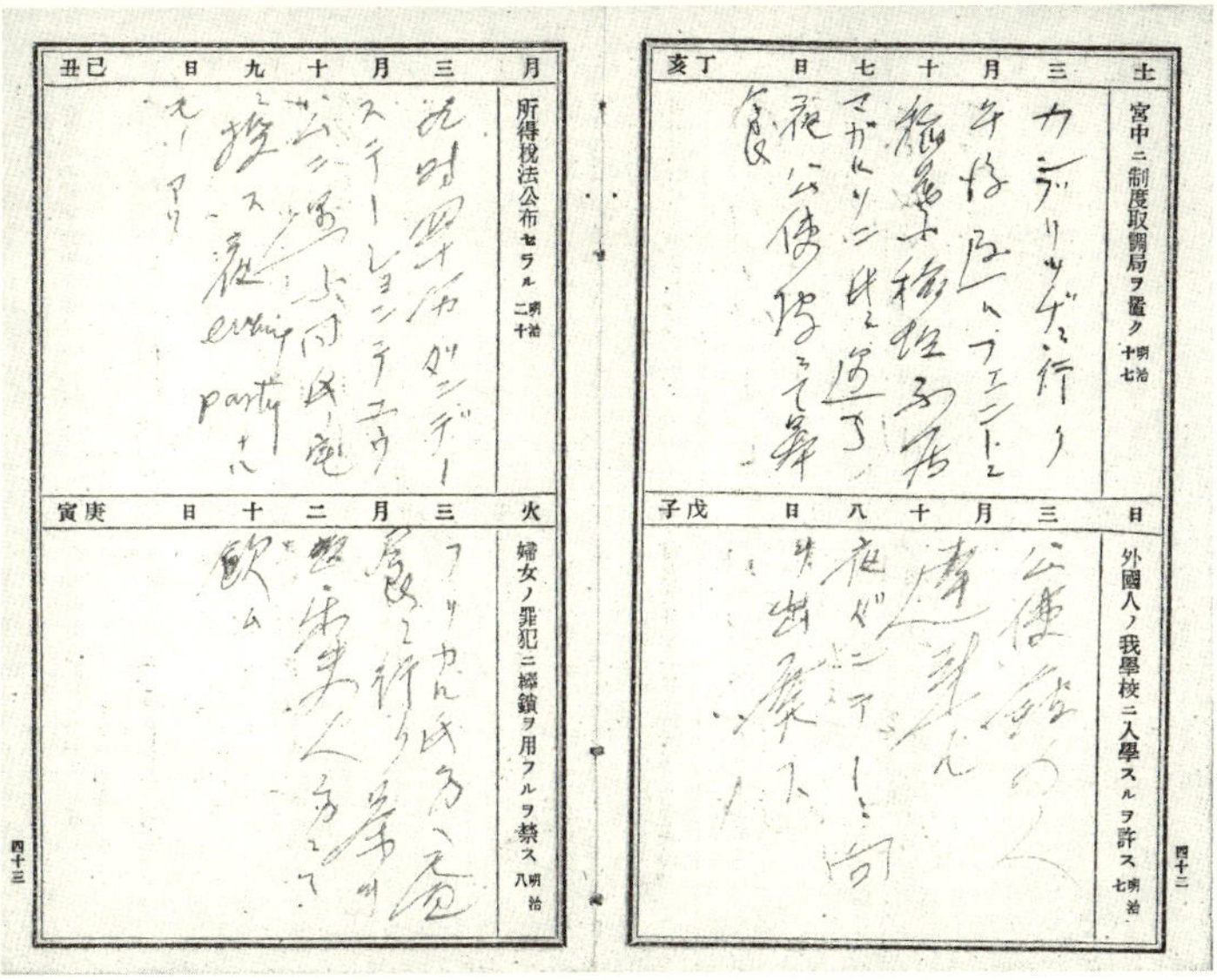

グラスゴー大学へ留学したときの日記。3月19日にダンディー駅でユーイングの出迎えを受けその後自宅で歓待を受けたとある。

は重厚な教会を思わせる建物の中で行なわれた卒業式です。私は緊張しながらその式典のなりゆきをじっと見守りました。そのあと、学長さんや教授さんたちとの会食、そしてグラスゴー市外のドライブ、たのしいひとときがあっという間にすぎました。

その訪問のとき、私が大切に保存している数百点のグラスゴー大学関係の愛橘資料のすべてのコピーを大学に寄贈しました。私の説明に大学関係者の方々は大変よろこんでおられました。私はその原資料をいずれすべて大学に寄贈することにしており、大学にはそのことをすでに伝えてあります。

次に私が愛橘のグラスゴー大学留学をどうとらえているかを話しましょう。

愛橘が若いころふるさと福岡（二戸市）で受けた教育と、グラスゴー大学留学中にケルビン教授をはじめとするさまざまな人たちから受けた影響と感化が、愛橘の生涯にわたる広い範囲の活動の中核を形づくっていると私は信じます。これら二つの土地の教育が見事に融合して、愛橋の学問研究をはじめとする四つの分野の成果や多くの国際会議であげた実績のいしずえを築いたのではないでしょうか。

なかでも当時の大物理学者、ケルビン卿からの影響ははかりしれないほど大きく、専門の物理学に関する指導はもちろんのこと、メートル法の普及に熱心だったケルビン、自分の研究成果を社会に還元することに力をそそいだケルビン、通俗講演に意欲的だったケルビン――こうしたケルビン卿の理念と実践がどれほど大きな影響を愛橋に与えたかは想像するにあまりあります。ふるさと福岡で受けた古武士を思わせる礼節についてのきびしいしつけは、ケルビン先生の英国紳士としての気品の高さと相通じるところがあったでしょう。

恩師の大物理学者ケルビンに報いる恩――愛橋はこのことをどれほど誇りにし心の糧にしていたかが私にはよくわかるのです。国際会議が紛糾してにっちもさっちもいかないとき、どこからともなくきこえてくる恩師ケルビンの声「愛橋よ、しっかりせい」に愛橋はどれほどはげまされ精神を集中することができたか――これほど大きな恩返しは愛橋にはなかったと思います。

私が愛橘のグラスゴー関連の原資料をグラスゴー大学に寄贈することにしたのは、愛橘が受けたケルビン先生からの学問上の影響はもちろんのこと、それ以外の分野でもケルビン先生の感化がのちの時代に大きく花を咲かせたことの証拠（しょうこ）の一端を、すこしでも現在のグラスゴー大学の方たちに知っていただきたいからにほかなりません。それが愛橘のひ孫の私がグラスゴー大学に対してできるささやかな感謝の気持ちのあらわれなのです。

6 愛橘の通俗講演

（今ではごくあたりまえになっている、さまざまな問題をいろいろな職業の方たちが一般の国民むけに講演すること、ただし、ここではそれより広い意味で論じます）

この章では愛橘と通俗講演についてお話しします。中村氏の伝記もひとつの章を設けてこの問題をとりあげています。

愛橘が通俗講演に興味をもち、それに長年にわたってとりくんできたことはかなり前から私は知っていましたし、その影響を受けた私自身もずいぶんその仕事をしてきました。

私は愛橘の通俗講演の回数や話したテーマについてはほとんど知りません。おそらく数百回に及び、テーマもかなり広い範囲にわたっていただろうということは容易に想像できます。

それではなぜ愛橘が教壇をはなれて教壇以外の場所で通俗講演に打ちこむようになったのでしょうか。

愛橘は、「象牙の塔」といわれる自分の書斎や研究室や実験室などにとじこもり、研究に没頭するタイプの学者ではありませんでした。いつも一般の国民とともに歩むことをモットーにしていた愛橘にとっては、学問をいつも一般国民の手のとどくようにしておくことは、日本の国力をあげるためにはぜひとも必要なことでした。グラスゴー大学のケルビン教授の影響もあったと思います。

頼まれればいつでもどこへでも出かけていって、かたい話からユーモアたっぷりの話まで自由自在、愛橘にとってそれは苦痛でもなく面倒な話でもなく、たのしくてやりがいのある仕事、そしていろいろな人と接する貴重な機会なのでした。天皇陛下から小学生まで、愛橘の話をきく人の幅の広さ（ここでは外国の話は省略します）は、愛橘の柔軟な精神をもってはじめて対処できたのです。

それではその具体的な例を三つあげましょう。

まず、かたい話からはいります。一九一五年（大正4年6月）、貴族院議員むけの学術講演の「航空機の発達および研究の状況」はその例ですが、単なる一方的な話ではなく実験を行ない幻燈を使ってわかりやすく説明したので2時間半に及ぶ講演であったにもかかわらず、聴く人に大きな感銘を与えたそうです。のちにこれは『航空機講話』として本のかたちで出版されています。

次が中村氏の伝記に出てくる話です。一九〇七年（明治40年）から3年にわたって実施された東京数学物理学会主催の講演で、愛橘の発案だったそうです。当時の一流の学者が身近な話題をとりあげて講演していますが、会場が大入り満員だったと思うとふしぎな気もします。中村氏はこの催しが科学の大衆化の先がけとなり、あちこちで通俗講演が非常に多くなったと指摘しておられますが、愛橘の先見の明を感じます。

最後がふるさとの中学校でのラジウム実験です。当時の日本ではきわめてめずらしかったこの実験をわざわざふるさとで行なっているのです。一九一〇年（明治43年）のことです。ふるさとの中学生たちはどんな顔をして愛橘の実験をのぞきこんだのでしょう。

実験や映像を使っての講演は、今ではごくふつうのことですが、この種の講演会を明治時代から行なっていた愛橘の発想の自由さと、できるだけわかりやすくという愛橘の心がけがじかに伝わってくるようで、私はなんともいえない感動をおぼえるのです。

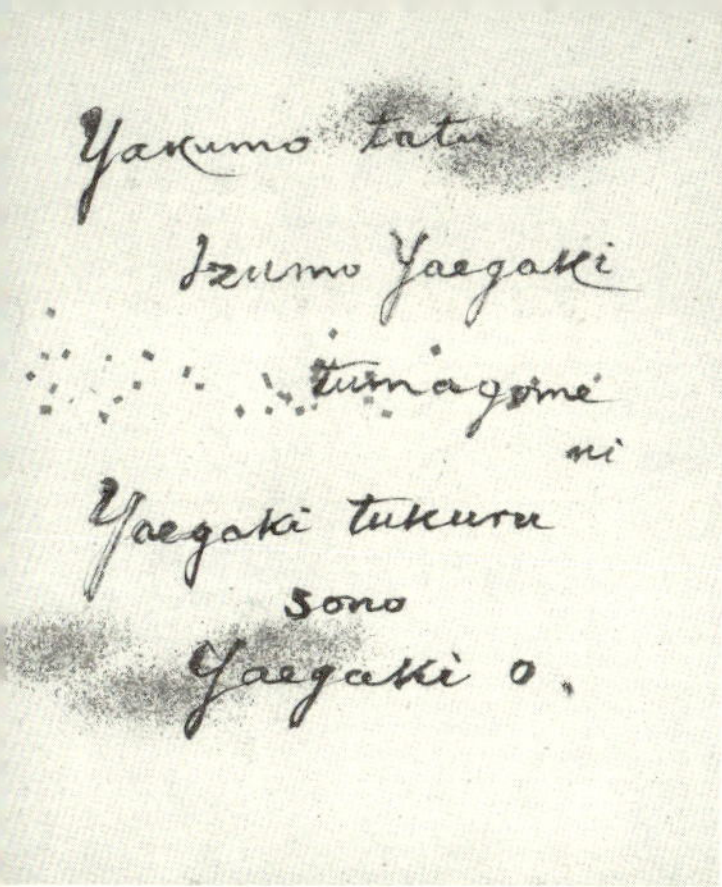

有名な「八雲立つ～」ではじまる和歌を色紙にローマ字で書いたもの。

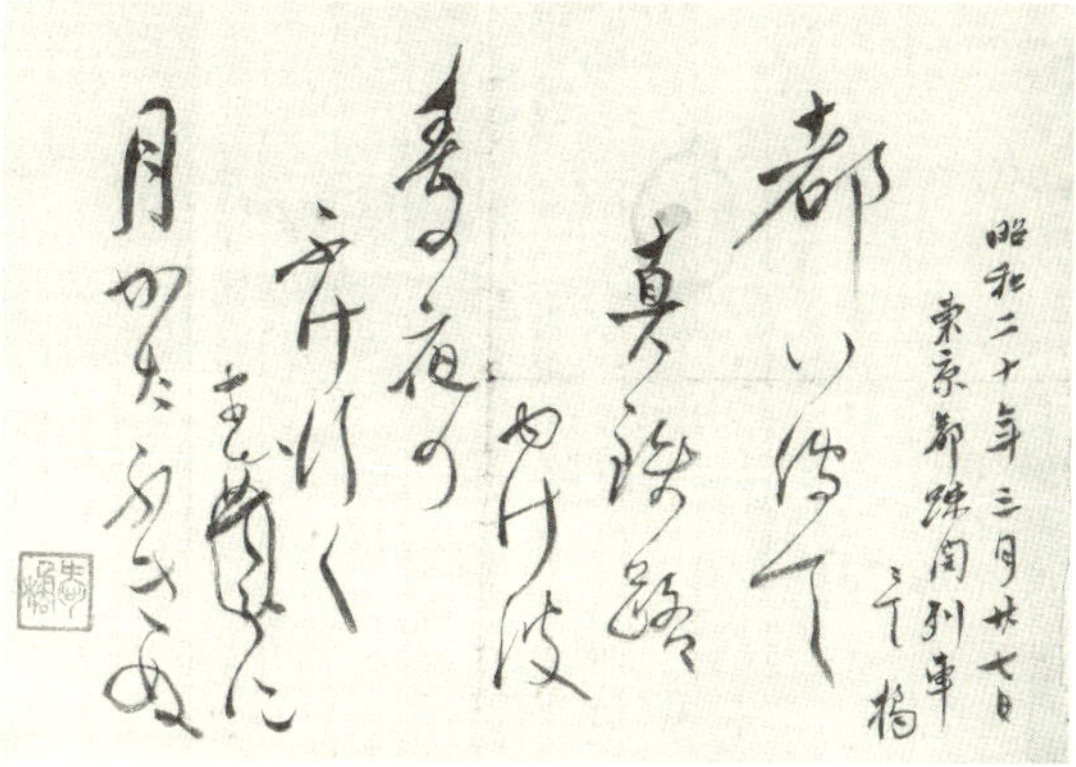

愛橘が昭和20年に東京から当時の福岡町へ疎開するとき詠んだ和歌。汽車の中でよんだらしい。私も同じ汽車にのっていた。

7 和歌（わか）を好んで

愛橘が科学とはことなる分野に興味を示したもっとも顕著（けんちょ）な例は、ぼう大な数の和歌です。単に和歌を詠（よ）んだというだけでなく、その奥がふかく、そして幅もひろいのです。

まず、愛橘が詠んだ和歌が何をテーマにしているかをとりあげましょう。日常の生活の様子を詠むことは、ごくありふれたテーマとして当然のことです。そのほかにも、実に幅のひろいテーマを和歌に詠み込んでいることにおどろかされます。

年のはじめのあいさつ、年賀状に書き入れるローマ字の和歌、ふつうの人ならまず思いつかないことを、愛橘はいとも簡単にやってのけます。それから自分の知りあいの人のよろこび、かなしみに接したときにも実に心あたたまる歌を贈っ

1531 Le Mont-Blanc, vue de Genève

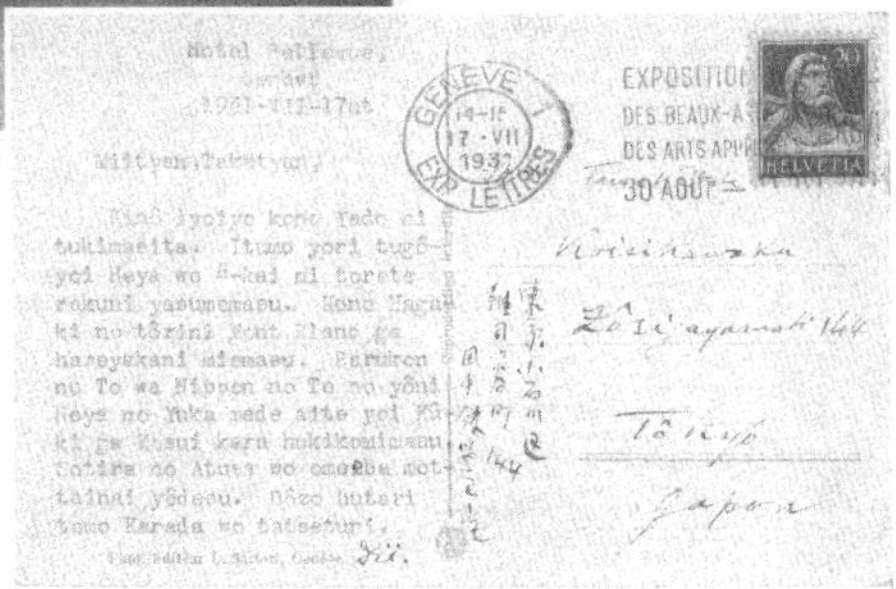

絵の上の方に愛橋のつくった和歌が書いてあります。よめますか。

ています。

その次に来るのが日本国内や外国を旅行したときに接した、風景や旅にまつわるいろいろな出来事を詠んだ歌です。こうした歌は、旅をしている愛橋のようすやこころもちが手にとるようにわかるという点で、実に貴重です。

そのほかに、自分の主義主張を歌のかたちで表現したものもあります。

具体的な歌の例はあとでとりあげることにして、愛橋の和歌の大きな特徴は、歌の数の多さやテーマの広さだけにとどまりません。

それらにおとらずユニークなのが、自分の詠んだ和歌を筆を使ってローマ字でしたためるというはなれわざです。これを実行した人は、ローマ字運動にかかわった多くの人の中では愛橋だけです。そのはなれわざがあまりに特殊だっただけに、そのあとを継ぐ人はいませんでした。残念でなりません。私自身、ときどき自分の詠んだ歌を筆を使ってローマ字書きすることはありますが、とても愛橋には及びません。この筆がきローマ字の和歌について注目しておきたいのが、つい見落とされが

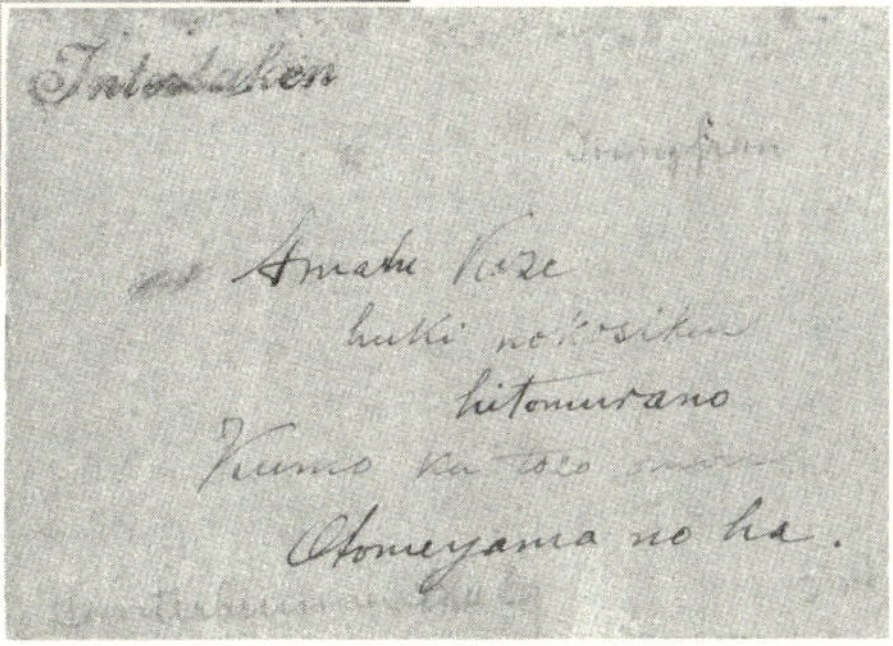

愛橋のよんだ和歌だけの絵葉書。Otomeyamaとは、ユングフラウという山の名前を日本語に訳したものです。

ちな和洋折衷（わようせっちゅう）の精神です。〝木に竹をついだような〟とは、西洋と日本の文化をむすびつけたものの、それがチグハグでしっくりこない様子をあらわすときなどに用いられる表現ですが、愛橋の筆によるローマ字和歌はどうでしょう。

西洋でうまれた文字であるローマ字を、日本の伝統的な筆記具である筆で、これも日本固有の和歌のかたちで書きあらわす、和紙や石碑にきざんだ例さえあります。私は、なかなかみごたえのある作品になっていると思うのですが、みなさんはどう思いますか。みなさんの中に愛橋のまねをして自分の歌（俳句でもかまいません、自分で詠んだものでなく有名な人の作品でもよいのです）を筆でローマ字書きにしてみてはいかがでしょう。おもしろい作品ができると思いますよ。なんといっても日本にやってくる外国人に大人気、自分たちもやってみようという外国人も出てくるかもしれません。自分の手でこんなことをしてみることによって、愛橋のローマ字書きの作品を書いたときの気持ちに近づけるかもしれませんよ。愛橋もよろこぶでしょう。

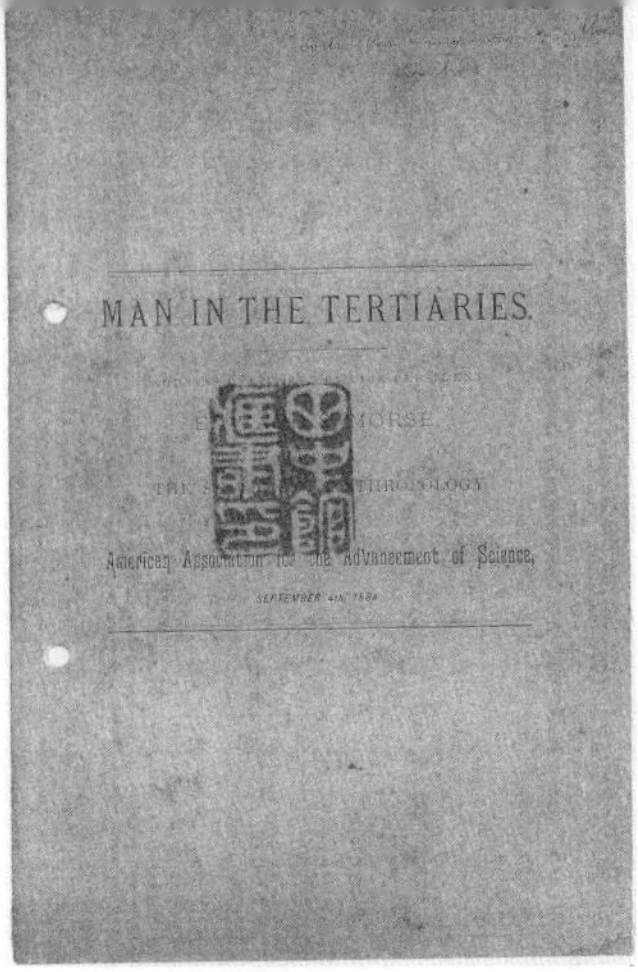

東京大学予備門時代にモースからもらったと思われるモースの論文の抜き刷り。大事なものに押すハンコがまんなかにはっきり押してある。

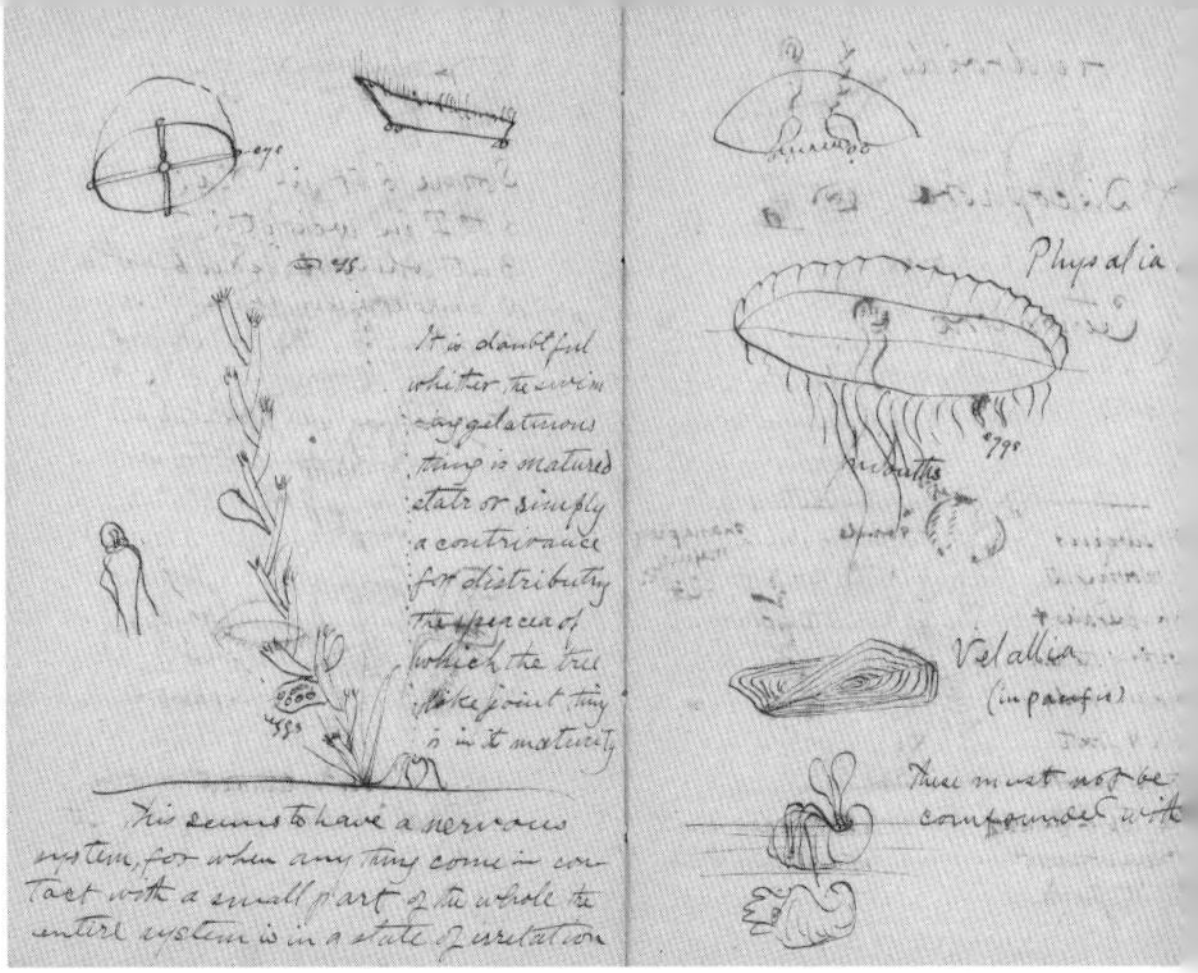

東大予備門時代のモースの受講ノート。

8　大学入学以前の二つのできごと

愛橘は大学で学ぶ分野を理科系と決めてから猛烈に英語の勉強をはじめました。そのころ愛橘が英語学校で書かされた英語をくわしく分析すると、一応英語になっていて大きなまちがいがほとんど見あたりません。そんな愛橘を手助けしたできごとを二つあげておきます。

その一つは、愛橘が英語学校で英語の指導を受けたフェントン先生とのかかわりです。先生はイギリスからやってきた昆虫学者で、愛橘はこの先生に教室での英語指導だけでなく、昆虫採集の旅を共にし、旅行中「同じ釜のめしをくい」ながら、つまり生活を通じて生の英語をイギリス人からまなぶことができたのです。明治10年に東北地方を旅したとき、愛橘は自分のふるさと福岡（二戸市）に先生を案内し、そこでも昆虫採集をいっしょに楽しみ、地元のひとたちとフェントン先生歓迎のうたげまでひらいているのです。そのときの、先生、愛橘そして福岡のひとたちのよろこびがどんなに大きかったか、想像するにあまりあります。

さらにつけくわえれば、途中ふたりが立ち寄った今の栃木県の鬼怒川沿岸地域に大きな足跡をのこし、それが今は大規模な自然環境保護運動にまで発展しているとの報告を、愛橘研究会会員の小竹弘則氏からうけています。ほんとにこころあたたまる話です。

もう一つは進化論の話。両方とも愛橘が大学で学ぶことになる物理学とは直接関係がない。そこが将来の愛橘の生き方を暗示しているようで大変興味ぶかいのです。

フェントン先生がイギリス人、こんどはアメリカ人のエドワード・モース先生。いま私の手元にある古ぼけたノートをじっとみつめてしまいます。一八七七年（明治10年）に東京大学予備門でうけた講義の受講ノートです。ノートには動物学と書いてありますが、モース先生の話はそこから当時はやっていた進化論へと発展していきました。そのノートにはいろいろな生物の絵が描きこまれていますが、私が想像するに、絵の上手だったモース先生が黒板に描くさまざまな生き物の絵を、愛橘は必死に描き写すことで精一杯だったでしょう。私は、愛橘にとって勉強になったのは進化論の内容そのものではなく、当時話題になっていた進化論の授業を、当時の一流の外国人から直接英語で受けることができる幸運にめぐまれたということではなかったかと思います。モースの抜き刷と思われるものが残っているところからすると、単に授業を一方的に受けただけでなく、なにがしかの会話や意見交換がなされた可能性があるのです。

以上をまとめると、大学入学前の愛橘にとって、外国人にかかわるこれらふたつの経験は、運にめぐまれた面もありますが、見方をかえれば、愛橘の旺盛(おうせい)な好奇心(こうきしん)が好ましい結果をもたらしたといえるかもしれません。そして、それが愛橘の大学での本格的な物理学の指導を外国人から受けるうえで役だったでしょうし、語学以外の面でも、物理学以外の学問に少しでもふれて、学問の幅をひろげることにつながったのではないでしょうか。

9 新渡戸稲造とキュリー夫人

このふたりの有名人と愛橘。三人とも国際連盟知的協力委員会の委員だったという共通点はありますが、三人がいっしょに親しげに話をしている写真はありません。委員だった時期がずれているので、そんなことはありえないのです。

愛橘と新渡戸博士は共に岩手県人であり、研究分野が広く国際的に活躍したという点で共通点があります。だとすれば、このふたりが手紙をひんぱんに交換して意見を大いにたたかわせ、お互いに励ましあい、日本の将来を論じあったとしても、なんの不思議もないのです。それはごく自然ななりゆきといえるでしょう。

しかし実際にはそうではなかった。新渡戸博士のぼう大な全集の中に愛橘の名は出てきません。愛橘の書きものの中にも博士の名前はほとんど出てきません。博士からの手紙、葉書は一通もみたことがありません。だとすれば、このふたりには一切の人的交流がなかったとみるのが妥当でしょうね。ところが、新渡戸博士が亡くなられて生前親交のあった人々が集まって博士の大きな写真（遺影）をかこんでいる集合写真をみると、愛橘は一

新渡戸稲造の葬儀　写真の前に寄り添う愛橘

番前の博士の写真のすぐ横に寄り添うようにしてたたずんでいるのです。おなじ岩手県人の国際人として共通点もいろいろあったでしょうが、おたがいに忙しすぎてゆっくり話すいとまもない。かといっておたがいに無視しあうわけでもない。新渡戸基金事務局長の藤井茂氏はこのふたりの関係、つかずはなれずおたがいの思想、活動、信条を認めあい尊敬しあうふたりを心の友、心友（しんゆう）と呼んでいます。心からつきあえる友が親友に通ずる——なんといい得て妙と感心せざるをえません。

博士のおとむらいのときの愛橘の表情、これからも日本の将来のために力をあわせて努力しようと思っていた矢先の博士の死。

愛橘のやるせない気持ち、こみあげてくる惜別（せきべつ）の情、私にはそれが手にとるようにわかります。全く交流がなかったわけではないふたりにとって、一番大事なものは、心を通じ合わせ広い視野に立って日本の将来のために尽力することだっただろうと私は信じます。

ではキュリー夫人との関係はどうなのでしょう。

実は私は愛橘と新渡戸博士、愛橘とキュリー夫人の関係がそっくりだと最近思うようになりました。キュリー夫人からの手紙も私は知りません。国際連盟の委員会でただ同じ部屋にいただけなのかというと、決してそうではありません。夫人の発見したラジウムを日本にもち帰り実験してみせたり、ラジウム発見40周年の一九三八年に、パリの放送局からお祝いの放送をしています。キュリー夫人が亡くなったときも、新渡戸博士のときと同じくおくやみの文章をよせ、夫人の人格の高潔さと科学者としての崇高な精神をたたえています。これも新渡戸博士の場合と同じく、心の友、心友の関係といってさしつかえないでしょう。

このような高名で人類のために立派な仕事をしたふたりの学者と心友でいられた愛橘、そのよろこびをかみしめることができた愛橘にとって、そのふたりに先立たれた悲しみはどれほどだったか、私には想像もつきません。心友の死が心痛となる、愛橘はその痛みをのりこえて、ふたりの分も受けついで世界平和の実現をめざしたと私は考えています。

10　石川啄木（たくぼく）

石川啄木はたくさんの和歌を詠み、天才的な歌人として有名ですが、惜（お）しくも若くしてその生涯を閉じました。

もっともよく知られた啄木の和歌をここに三つあげましょう。

ふるさとの山に向ひて
言ふことなし
ふるさとの山はありがたきかな

ふるさとの訛（なまり）なつかし
停車場（ていしゃば）の人ごみの中に
そを聴きにゆく

東海の小島の磯の白砂に
われ泣きぬれて
蟹(かに)とたはむる

啄木と愛橘、ふたりの共通点は三つあります。

まず、生まれた場所。ふたりとも岩手県出身です。しかも県庁所在地の盛岡より北の生まれ、啄木は渋民(しぶたみ)村(現在は盛岡市)、愛橘は青森県に接する県北の地、福岡(現在の二戸市)です。亡くなった場所はどうでしょう。愛橘も啄木も東京で亡くなったのです。啄木の亡くなった場所が、愛橘が教授をつとめていた現在の東大本郷キャンパスにほど近い小石川です。その場所に二〇一五年3月啄木の歌碑(かひ)がつくられ、啄木の資料が展示されている小さな資料館もあります。そして、ふたりともローマ字の文章を書いているのです。愛橘は日本式ローマ字で書いていますが、啄木は日本式→ヘボン式→日本式と書きかたが変化したようですが、それはともかく、ふたりの岩手県人、岩手県北の出身者が、科学者と歌人という枠(わく)をのりこえてローマ字で文をつづっているところに私は大きな興味をそそられます。

ここに啄木のローマ字文をすこし引用してみましょう。

Shibutami! Wasuren to shite wasure enu no wa Shibutami da! Shibutami! Shibutami! Ware wo sodate, soshite Hakugai shita Shibutami!..... Yo wa nakitai, nakô to shita. Shikashi Namida ga denu!..... Sono Shôgai no mottomo Taisetsu na 18 nen no aida wo Shibutami ni okutta Chichi to Haha ——kanashii Toshiyori tachi ni wa, sono Shibutami wa amari ni tsuraku itamashii Kioku wo nokoshita. Shinda Ane wa Shibutami ni 3 nen ka 5 nen shika inakatta. Niban-me no Iwamizawa no Ane wa, yasashii Kokoro to tomo ni Shibutami wo wasurete iru: omoidasu koto wo Chijyoku no yô ni kanjite iru. Soshite Setsu-ko wa Morioka ni umareta Onna da. Yo to tomo ni Shibutami wo wasure enu mono wa doko ni aru ka! Hiroi Sekai ni Mitsu-ko hitori da!

啄木と愛橘の間に交流があったかどうかという問題ですが、ふたりとも仕事にいそがしく、生活する場所も異なり会おうと思ってもむずかしかったかもしれません。しかし、啄木を支えた、やはり岩手県人だった国語学者の金田一京助（きんだいちきょうすけ）博士から愛橘に関する情報を得ていた可能性はあります。

在職25年祝賀会の席上、愛橘に贈られた中村彝の油絵

11　中村彝（つね）のこと

寺田寅彦ら愛橘の弟子たちが愛橘在職25周年の祝賀会場を飾るために愛橘の肖像画（しょうぞうが）を描いてくれるよう洋画家の中村彝にたのみました。ガウンを身にまとい書斎で計算尺を手に研究に打ち込む愛橘の姿（この本の裏表紙の絵）。この絵を完成するために彝は毎日愛橘邸にかよいました。学者はわがままだから、なかなかじっとしていてくれないと彝は不満をもらしています。どのくらいの時間じっとしていなければならなかったのかわかりませんが、それほど愛橘がわがままだったようには私には思えません。

それはともかく、この絵が一九一六年（大正5年）の第10回文展で特選となったのですから弟子たちは大よろこびだったでしょう。

しかし、この絵がかざられた大正5年の小石川植物園での祝賀会の席上で、愛橘はあいさつに立つや祝賀会におとずれていた多くの人の前で、「辞表を出して来ました」と打ち明けたものですから、会場の人たちは驚きました。「やめないで下さい」という人々の願いもむなしく、愛橘は決意をひるがえしませんでした。おめでたい祝賀会場での愛橘本人からの爆弾発言と特選になった愛橘の肖像画――そのチグハグさ。

特選となった絵の中の愛橘はそんな大さわぎの会場を、どこふく風といった表情で受け流しているようにみえます。このような矛盾が愛橘にとってはさほど不自然でなくうまく両立してしまうところに、愛橘の本質があるのかもしれないと思ってしまうのです。

12　湯川秀樹博士

ノーベル物理学賞を受賞した湯川博士と愛橘のことについて書いておきます。専攻が同じ物理学とはいっても、その分野はまったくちがいます。それでも湯川氏は愛橘の孫弟子のようなものだということばをどこかで聞いたことがあります。ふたりがいっしょに写っている写真をみたことがないのです。湯川博士とアインシュタイン、愛橘とアインシュタインがいっしょに写っている写真はあります。湯川博士の書かれた本の中に愛橘の名が出てくることは、私の知るかぎりありません。

それにもかかわらずです。昭和21年に日本学士院が愛橘の90歳を祝う催しをしたときに、湯川氏は全会員たちとともにそれを祝う人たちの中に名前をつらねています。

もうひとつは、湯川博士がノーベル賞を受けたとき、おそらく愛橘はそれを祝福しつつ自分が一九一〇年（明治43年）に、ノーベル賞の推せん委員だったことを思い出していたのではないかと思われるのです。私が博士の書かん類をみたのは愛橘関連の資料の中に博士からの賀状1通のみです。私の考えでは、博士と愛橘の関係はそれほど親密ではなかったにせよ、学士院の会合などでことばをかわした程度であったにせよ、博士にとって愛橋は日本の物理学草創期の草分け的存在として一目おいていた可能性はあります。もうひとつ忘れてならないのが、一九五〇年（昭和25年）に経堂の自宅で博士のノーベル賞に関連して近所の小学校の6年生の生徒3人に湯川博士とノーベル賞のことや物理学のことなどをていねいにわかりやすく解説しているという事実です（P・189参照）。なにかほのぼのとしたものを感じる話しぶりに私は感動します。

日本物理学の基礎を築いた人間の一人として、そのよろこびを子どもたちに語る愛橋。死ぬ直前のこのよい知らせを、これから日本を背負って立つ子どもたちに語れるしあわせをかみしめる愛橋―湯川博士と愛橋とのむすびつきをかいまみることができる貴重なひとときであると私は思うのです。

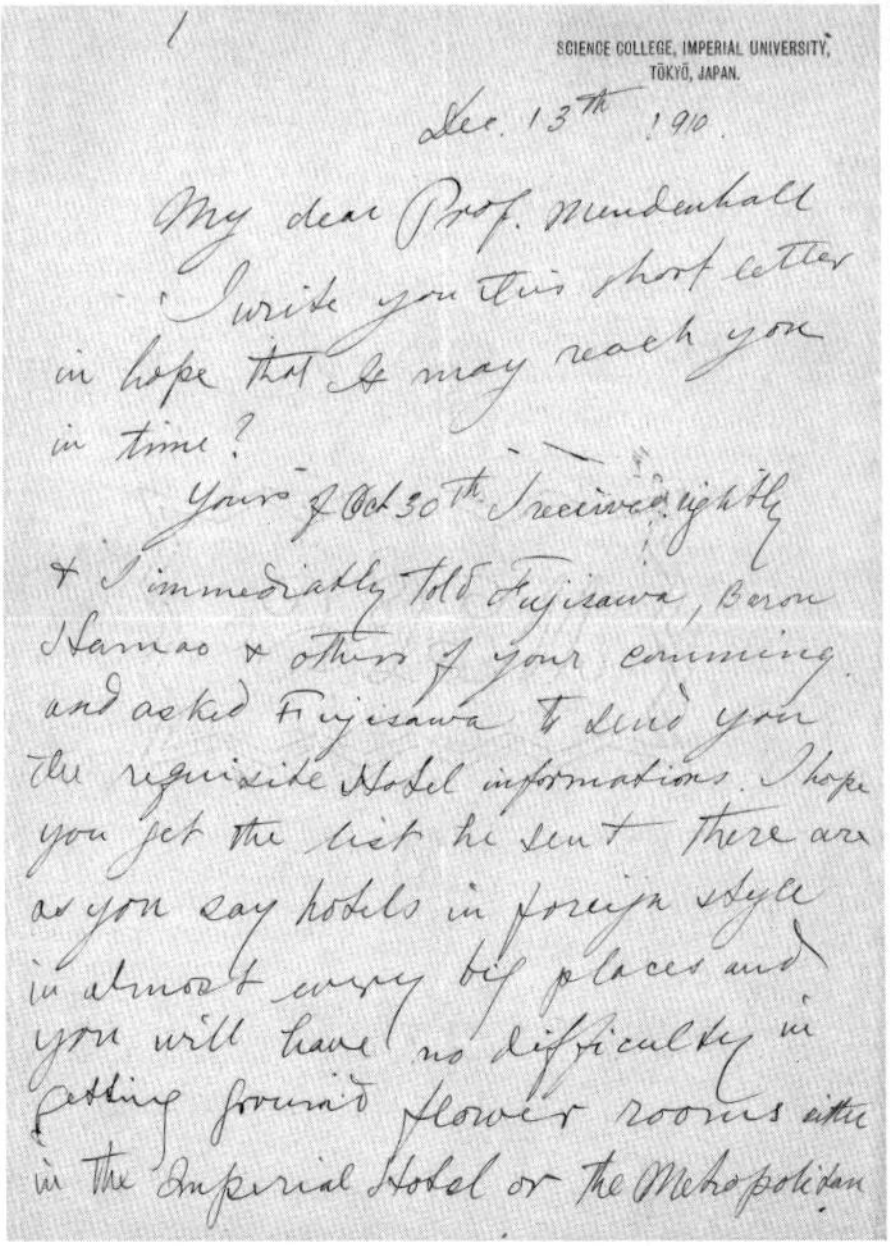
1

SCIENCE COLLEGE, IMPERIAL UNIVERSITY, TŌKYŌ, JAPAN.

Dec. 13th 1910.

My dear Prof. Mendenhall
I write you this short letter in hope that it may reach you in time?
Yours of Oct 30th I received rightly & I immediately told Fujisawa, Baron Hamao & others of your comming and asked Fujisawa to send you the requisite Hotel informations. I hope you get the list he sent. There are as you say hotels in foreign style in almost every big places and you will have no difficulty in getting ground flower rooms either in the Imperial Hotel or the Metropolitan

東京大学在学中のアメリカ人の恩師メンデンホールへの愛橋の英語の手紙。

13 モースとメンデンホールと愛橋

愛橋のモースの講義受講についてはすでに述べましたが、なんとモースは愛橋の大学時代の恩師メンデンホールと親交があったことがいろいろな本をしらべているうちにわかりました。単にモースの講演をきいてそれをノートに書きとめたというだけにとどまらず、モース、メンデンホール、愛橋の3人がいっしょに親しく語りあったという可能性があることがわかりました。愛橋が東京へ出てきてわずか5年、大学に入る前の明治10年ころのことで、もしこれが事実だとすれば、どれほど愛橋に大きな刺激をあたえたかわかりません。もっとも、大学入試前の話ですからメンデンホールが愛橋の指導教員になる前のことです。仮にそうだとしても、将来自分が専門とする物理学を教えることになるメンデンホールとモースの2人の外国人との出会いを想像するだけでも胸がわくわくします。

愛橋は自分が恩を受けた人たちとの親交をとても大切にする人でしたから、メンデンホールが大学に入ったあと教えを受けることになったときはさぞかしおどろき、そしてよろこんだことでしょう。学士院会員になったあとメンデンホール賞を創設することに力をつくしたこと、メンデンホールがメートル法の普及に熱心だったことなどを考えあわせると、メンデンホールとの早くからの出会いがそれなりの影響を愛橘に与えたことも考えられ、夢が大きくひろがっていきます。

14　愛橘と戦争

ある大学教授が愛橘が日本の戦争に協力したといって非難していることを、人づてに聞かされたことがあります。

10人の愛橘の生涯を知っている方々に聞きました。右の話、「どう思いますか」と。ほとんどの方は、それは事実であることを認めるとしても、あの時代の流れとしてやむをえなかったのではないかというのです。たしかに愛橘は、航空の分野で軍人との接触があり、軍用気球研究会という公けの機関では委員をつとめていました。もちろんそれは技術面での相談役のようなものです。愛橘が戦争にかかわる仕事をどう思っていたかは、推測するしかありませんが、日本という国が大好きで皇族にも親しみを感じていた愛橘としては、自分が愛する祖国の戦争に協力することに、さほど心理的抵抗はなかったのではないかと思われます。技術者としてお国のために役に立てればという素朴な気持ちだったのではないでしょうか。太平洋戦争中、我が国が勝利をおさめられるよう、全国民一致してがんばろうとよびかける文章を新聞にのせています。これも流れというものでしょうか。

ただし、愛橘は積極的な軍国主義者ではありませんでした。別項の天皇機関説拍手問題でそれが伺い知れますし、国際会議に数多く出席し、世界平和のために努力したことを考えあわせると、いっそうその思いがつのります。はっきりいえば、愛橘の戦争に対する態度は、ヨーロッパにいるときと日本にいるときとでは、正反対といっていいくらいちがうのです。意識的に使いわけていたのか、自然にそういう心情になってしまったのか。そのあたりは微妙でなんともいえませんが、複雑な事情や人間関係などがからまって、そのような結果になってしまったのでしょうか。戦争についてはふれたくなかったのですが、あえて私の思っていることを正直に綴りました。

15 文化人郵便切手（表紙写真）

二〇〇二年は、愛橘没後50年にあたり、文化人郵便切手に採用されることになりました。その年の春、当時、総務省の係の方がふたり我が家におみえになり、早速検討にはいりました。話しあいはすべて順調にすすみました。

まず愛橘の肖像ですが、数葉の写真のなかから私がえらんだものにすぐきまりました。愛橘が愛用のタイプライターを横において座っている私の大好きな写真です。

そのつぎが、切手におさめる絵をどうするかです。これもさしたる意見の対立もなくきまりました。愛橘がかかわった四つの分野のうち、メートル法は絵にするのが不可能という点で一致、飛行機もジェット機をのせるわけにはいかず、かといって昔の原始的な複葉機なども、小さい切手では目立たないという理由で不採用としました。残るは、専門の地球物理学とローマ字です。地球物理学をどのように絵にするかについて3人で知恵をしぼりました。その結果、地球物理学の地球を背後にきわだたせることにしました。この地球は、愛橘が国際会議に出席するために頻繁に外国にでかけていったこともあらわしているのです。

最後のローマ字は、写真に写っているタイプライターが愛橘のローマ字運動のシンボルとしてうってつけということですんなりきまりました。この話し合いの楽しかったこと、もう14年も前のことだなんてとても信じられません。私が不安だったのは切手のローマ字表記です。日本の切手のローマ字はヘボン式（英語の発音に添った日本語表記）になっていますので、愛橘の主張した日本式とは一部ちがっています。おそるおそるそのことを係の方に確認しました。愛橘の名前はヘボン式で表記されるのですかと。お返事は実に単純明快――「ご本人が主張されていた日本式で結構です」とのことでした。天にものぼる気分だったといってもいい過ぎではありません。さいわい、この切手が11月5日に売り出されるや売れ行きがよく、図柄も購入された方々には好評でした。

この愛橘の文化人郵便切手の発行は、私がこれまでに愛橘にかかわってきた大きな事柄ふたつのうちのひとつで、もうひとつは二〇一二年の愛橘没後60年の年に東京上野の国立科学博物館で開かれた企画展示（別項参照P・179）です。このふたつのことは、大きな節目(め)の年に愛橋を顕彰(けんしょう)することができたという意味で非常に意義深いものでした。

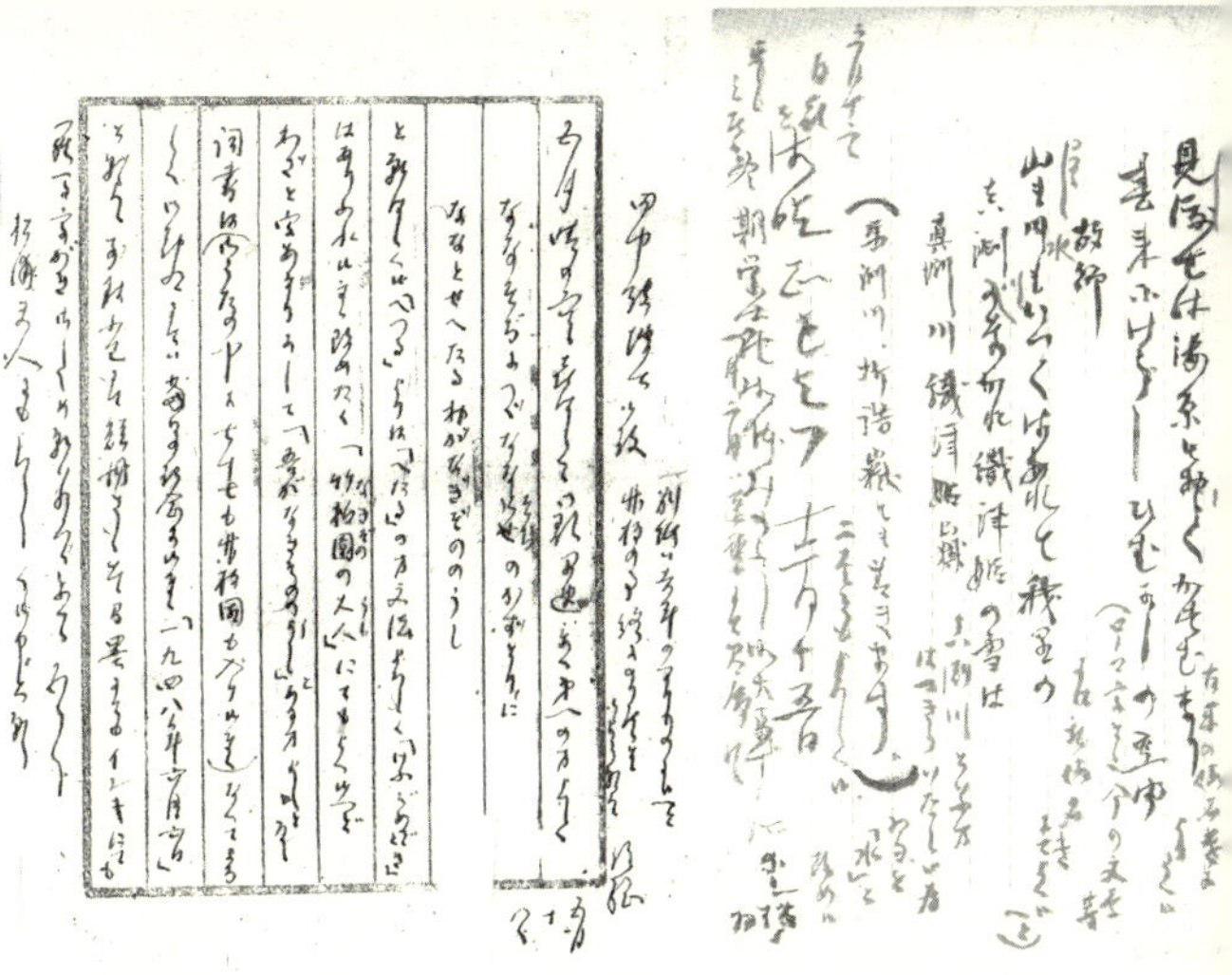

佐佐木信綱氏直筆の手紙

16 愛橘と芸術

愛橘は物理学者だったのに、芸術となんの関係があるの？と皆さんは思うでしょうね。無理もありません。

そこが愛橘の魅力のひとつなのです。普通の人が考えるとなんの関係もない二つのことが、愛橘の中では仲よく共存している——科学と芸術。この二つは愛橘の心の中ではまったく別のことのようにみえなかったのでしょうね。ひとつのものを表と裏からみているように。

愛橘は和歌をたくさんつくりました。日本でも外国でも。とにかくその数が多い。別に和歌を詠もうと身がまえなくとも、自然に頭に和歌が浮かんでくるのでしょう。それを手帳に書きつける。絵葉書に書きこむ。ローマ字の手紙をタイプライターで打っているうちに和歌をごく自然にはさむ。和歌が自分の心をなごませる、そして人々の心をなごませることをよく知っていたからこそ、国際会議を次から次へとこ

愛橘はこのような山水画のような絵も筆で描いた。

なすうちに和歌が自然に心にうかぶ。和歌のうまい、へたなんか問題じゃない。上手な和歌をつくって相手に通じないよりは、へたでもおたがいの心になごやかさがうかべば、それでいいのです。和歌だけが心のいやしだったというつもりはありません。ただ、和歌をひとつの例と考えれば納得がいきます。

愛橘は他の物理学者と音楽の合奏をして余暇をたのしみました。孫の多加（私の母）に西洋画を描くことをすすめ、今もその絵が残っています。自分で和紙に中国の山水画を思わせる絵を描いていますが、優雅な気分にひたっている愛橘の姿が目にうかぶようです。

愛橘にとって芸術とは道楽のようなもの、いそがしい毎日を送る自分の心をいやしてくれるものと考えていたようですが、少しでもそれに磨きをかけようと努力した跡が読みとれます。一流の歌人だった佐佐木信綱氏に自分の和歌を添削してくれるようたのんだその依頼の返事（和紙に書かれた信綱氏直筆の手紙）が77ページにあります。共に学士院会員であったことから、会議の合間の休憩時間に和歌について親しく会話をかわしていた様子が想像できます。愛橘が文科系、理科系の垣根をいとも簡単にとびこえて、信綱氏に個人的な事柄を依頼したところ、忙しいなか信綱氏が科学者のつくった和歌を懇切ていねいに直筆で添削して送り返しているところがいかにもほほえましいですね。ふたりの間柄はかなり親しかったようです。

晩年の経堂の自宅で囲碁を打つ。家族９人全員がうつっている。

17 家族のこと

愛橋は家族にめぐまれなかったという見方があります。何を基準にしてそのような評価がされるのかは、人や立場によってちがってくると思います。まず本人がそのような状況をどう感じていたかを考えるべきでしょう。まわりの人がずいぶん不幸な人生を送ったんだなあと思っても、本人は案外けろりとしてあまり気にしていないということはありうるし、その逆の場合もあるでしょう。

愛橋の場合はどうだったのでしょうか。

幼いとき母を亡くし、父は切腹で死に、あげくのはてに妻を産後のやまいで失ってしまったのです。これはだれが考えてもしあわせな人生とはいえないでしょう。しかし人生というものは長い目でいろいろな角度から考えなければなりません。

ここからが大事なところです。これだけのめぐまれない状況にありながら、愛橘は世のため人のためせっせと外国の国際会議に出かけていきました。外国からの娘や孫あての葉書や手紙の文面のなんとあかるいこと、くらさ、さびしさがどこにも感じられない。すきなように国際会議に出席して縦横無尽（じゅうおうむじん）の活躍（かつやく）をする。たのしくてたまらない。家族のことなどかまっていられるか。それが宿命なら、ぼやいてもしかたない。やるしかない！ 娘や孫への手紙や葉書には愛橘の愛情があふれています。それを娘も孫もすなおに受けとめ、愛橘の活躍ぶりをかげで支える。実にほほえましい。それでいいのではないでしょうか。

若いころのつらい時期にくらべて、愛橘が80歳をこえたころ3代目にして初めて男のひ孫の私が生まれたのです。愛橘や祖母、母たちがいかにそれをよろこんでいたかは、私が生まれたあとに写された写真の多さからもわかります。甘やかされもしたようです。ひ孫は私が長男で一番上、その下に弟と妹がふたりずつ、全部で5人でした。晩年の経堂での愛橘の毎日は、5人のひ孫たちにかこまれてしあわせそのものでした。一日中家中に笑いが絶えることなく、私は愛橘のしあわせな晩年を弟や妹たちと満喫（まんきつ）しました。

もし愛橘が家庭の不幸を苦にして病気になったり仕事が手につかなかったとしたら――――愛橘の人生はまったくちがったものになっていたでしょう。愛橘はよくやった！　と私は大声でさけびたい。めぐまれない環境の中でそれにまけずに孤軍奮闘し、つぎつぎに立派な成果をあげた愛橘――それはおそらく愛橘が幼いころふるさと福岡（現在の二戸市）でたたきこまれたきびしいしつけが、不幸にまけない強い精神力をきたえあげたからだろうと私は考えています。

「災いを転じて福と為す」を絵に描いたような愛橘の人生を、私は心から尊敬しています。そしてそのような愛橘を私は誇りにしています。

18

田中舘愛橘と盛岡の人々

（寄稿）　一般財団法人新渡戸基金　事務局長　藤井　茂

国際的な物理学者だった田中舘愛橘だが、その生涯に見え隠れするのは、意外にも多くの盛岡人や岩手県人との交わりである。平民宰相原敬や北海道帝国大学初代総長佐藤昌介、国際人新渡戸稲造、海軍大将山屋他人ら郷里の人たちとの交友の広さは、同じく交わった世界の物理学者の数に決して劣らない。田中舘の伝記が出版されるとしたら、彼ら古里人との交友が全章にわたって散りばめられ、素朴で温かな多くの逸話が盛り込まれることになるだろう。

おととしの講話を振りかえり

平成25年10月、松浦明氏（田中舘愛橘曾孫）の主催する田中舘愛橘研究会に招かれ、国際文化会館（東京都港区六本木）で「心の友—田中舘愛橘と新渡戸稲造」の演題で話をさせていただいた。田中舘と言えば高名な物理学者なので、それまではほとんどが物理学の内容に関する功績などを中心に語られてきたと思われるが、新渡戸稲造との交流の面からアプローチしたことは、郷土の友人たちを見直す意味において、田中舘愛橘研究会の内容に少し新しみを出せたかもしれない。

田中舘愛橘と新渡戸稲造のふたりは、明治4年（新渡戸）と5年にともに上京し、東京英語学校で友人になってズーズー弁で語り合うほどの親密な仲だった。そんなふたりが、物理学と農学、東京と北海道というように、一時的に学問や活躍する場所が分かれたものの、新渡戸が東京の第一高等学校（現東京大学教養学部）校長となった明治39年秋、ほぼ30年ぶりに交流が再開し、以後、新渡戸が亡くなる昭和8年まで、お互いを敬愛しあう心友として淡い交わりを続けていったことを述べた。

今まで田中舘と新渡戸とは、同郷で幕末の生まれでありながら、そもそも交わるような接点があったのだろうかという疑問さえあったが、調査が進んでいくなかで、むしろ他の郷里の人たちとは一味もふた味も違う清々しい関係が保たれていたことがわかった。ふたりには「水魚の交わり」と言ってもいいような、稀に見る良い関係が築かれていたのである。

それにつけても、いつか上梓される田中舘の伝記には、新渡戸稲造との清新な交わりを必ず入れてもらいたいと述べて話を終えた次第である。

盛岡時代の田中舘愛橘

最初は漢学一辺倒

明治2年（一八六九）、14歳のとき、田中舘は盛岡へ出てきた。預けられたのは漢学者・照井小作（一八一九－一八八一）の家で、この人から漢学をみっちりたたきこまれた。

じつは田中舘の生まれた県北の福岡という土地は、悲憤慷慨の士を多く輩出し、尊王攘夷の気風が濃かった。だから田中舘も、そこの藩校令斎場（名付け親は吉田松陰とも親しかった那珂梧楼）に通うかたわら下斗米軍七の門に入り、実用流の型を教えてもらっている。馬にも乗せられ訓練を受けている。

だいたいにおいて、田中舘家は代々兵学の家だったので、家庭での教育とくに躾には厳しかった。座布団などは病気でもしなければ敷かせなかったし、毎朝顔を洗うのに、どんな寒中でも必ず水だった。

こういうスパルタ式の厳格な教育を施されてから盛岡にやってきたのである。それは戊辰戦争直後の明治元年（一八六八）に令斎場が閉校になったこととも関係したと思われる。

田中舘を預かった照井は、自宅で所蔵していた漢書を独学で学んだのちに盛岡藩に招かれ藩校作人館助教になった苦労人で、昌平黌教授をした儒学者安井息軒（一七九九－一八七六）とも親交があり、のちに中国の章炳麟（一八六八－一九三六）からお墨付きをもらったほどの学者でありながら、地元盛岡では今でもほとんど知られておらず、その全貌が調査されてはいない。

田中舘が盛岡でこの照井の家に預けられたのは、おそらく福岡で通っていた藩校令斎場の時代からの縁だろう。照井は藩校作人館助教の折、しばしば北の令斎場にも教えに行ったものだった。真面目な田中舘はそのころから目をつけられたので、盛岡ではすんなりと照井の家に厄介になれたのかもしれない。

そのころの照井を、若き田中舘は次のように描写している。

「照井先生は非常に趣味の豊富な人で、茶の湯や狂歌なども詠まれた。時折、家々をまわっては茶の湯の指南をしたこともある。あるとき先生、鯉を手ずから料理していた。（鯉の）目に紙を貼って丸切りにぶつりぶつりと切るが、鯉はびくともせず、ただ口をあぐりあぐりしているばかりだ。先生これを示して〝これは侍の見本になるものだ〟と、死に臨んで動ぜざることを示した」（「新岩手人」39号）

どんなことをしていても、話を侍の心構えにもっていくところは、さすが照井の真骨頂であろう。

この人の家から田中舘は明治3年（一八七〇）、再興されたばかりの藩校作人館修文所に通い、ここで和漢の学を修めることになるのである。

こちこちの国粋党

盛岡の藩校作人館は大きく修文所、昭武所、医学所と三つに分かれていて、そのころ日影門外小路にあった。現在は盛岡市中央通という名称で、北日本銀行西隣りの場所で小公園になっている。

ここに通っていたころの話として、次のような逸話が残っている。

すでに明治の世の中になっていたこともあって、盛岡にも洋学が入ってきていたのだが、そんなこともあって、修文所内にもおのずからハイカラ党と国粋党との二つの対立が生まれていた。のちに開明的な物理学者になり徹底的に平仮名や片仮名、漢字などの使用を否定し、ローマ字論者になった田中舘だったから、もちろんハイカラ党にいたろうと思いきや、このころは完全に後者の側に立っていた。英語などを使う者を軟弱な人間と思い、一人泰然と武道と漢文の世界にひたっていた。県北二戸の風土で育ってきた田中舘からすれば、それは当然の行動で、何も奇をてらっていたわけではなかった。

だから、武士の魂ともいえる刀は依然として差していたし、武士の子弟らしい格好を通していた。ところが、それがハイカラ党の連中には気にいらなかったのである。

ちょんまげを切られる

ある日の夜、田中舘が寝ていた宿舎にハイカラ党の連中が押し寄せ、無理やりちょんまげを切ってしまった。田中舘は精いっぱいの抵抗をしたようだが、多勢に無勢、勝てるはずがない。切られた田中舘は、武士の誇りがなくなってしまった悔しさでいっぱいで、いまいましくてしょうがない。

当時、舎監も兼ねていた名須川他山（一八三〇－一八九九）や事務室に詰めていた栃内元吉（一八五一－一九四三）らのところに行って事情をぶちまけ、ちょんまげを切った数人を謝らせたという逸話が伝えられている。

このとき田中舘の髪を切ったハイカラ党の先頭に立っていたのは、のちに東京府知事（現東京都知事）にもなった阿部浩（一八五二－一九二二）や盛岡の銀行家として聞えた太田小二郎（一八五三－一九二四）らだった。

これらのことから、当時の田中舘が、いかに前時代一色に染まっていたかがよくわかる。のちに漢字を否定し、ローマ字一色で突き進む田中舘の片鱗さえも、このころは見られない。

藩校の寮と生徒たち

そんなことはあったものの、明治3年の1年間、作人館修文所での教育は田中舘には心地よいものだった。照井小作ばかりではなく伊藤弁司、名須川他山、山崎鯢山（一八二二－一八九六）など、そのころ旧盛岡藩の最高と称された漢学の師から、好きな学問を十分教わることができたからである。

最初、照井の家から通っていた田中舘だったが、のちには修文所の寮にはいった。そのほか昭武所や医学所などにもそれぞれ寮があり、多くの机が備え付けられていて、夜は行燈で読書をしていた。

この頃の生徒には、のちに文学博士になった東洋史学者那珂通世（一八五一－一九〇八）や英吉利法律学校（現在の中央大学）の創立者の1人で初代学長の菊池武夫（一八五四－一九一二）、他県知事のあと東京府知事に2度もなった阿部浩、平民宰相として聞えた原敬（一八五六－一九二一）、クラーク博士の教え子で初代の北海道帝国大学総長となった佐藤昌介（一八五六－一九三九）、そのほか藩主の南部利恭（一八五五－一九〇三）などがいて一時期学んだものだった。

そのころの寮と生徒たちを、田中舘は次のように描写している。

「各寮に生徒監のようなものがいて、それを中心に只今で言う座談会のようなものをよくやった。那珂さんなどは書を読むことが達者で、二十一史読みつくしたくらいだった。やっぱり原敬さんも当時秀才の評判だった。利恭さんが藩知事として盛岡に帰られ修文所に入学なすったときには、お付として菊池武夫や工藤雅節が選ばれた」（「新岩手人」39号）

同じく学んでいた佐藤昌介によると、戊辰の戦乱は済んだものの、凶作の影響を受けたこともあって、少し臭いの強い南京米のお粥などをすることもあった。それでも彼らの勉学への意欲は衰えることなく、夜遅くまで『大日本史』を読みあったり、あるいは早朝から『論語』や『孟子』を輪読することもあったという。先に田中舘が「座談会のようなもの」と表現したのは、あるいはこの輪読だったのかもしれない。

進取の風と小田為綱

しかし、明治という新時代の開国進取の風は、東北の片田舎である盛岡にひたひたと押し寄せてきていた。もはや江戸時代からの学問ばかり学んで事足れりというわけにはいかなくなってきていたのである。

それと、田中舘ら青年たちの気持ちを強烈に揺さぶった人物が身近にいたこともあったかもしれない。この直後、田中舘ら青年たちが続々と上京したのは、まさにこの人物の影響が色濃く反映していたとみていいだろう。それは藩校教授の小田為綱であった。

佐藤昌介はその小田を「精神教育家で、青年の士気を鼓舞する」先生だったと記しているが、それは一緒に学んでいた田中舘も同じだった。小田は彼らに向かって「現在の薩長政府は、上は五箇条の御誓文にそむき、下は人民を欺瞞する奸賊である」と激烈な調子で攻撃し、「真の王政復古は、朝敵となったわれわれ東北人の手によってやりなおさなければならぬ。これは諸君の任務である。薪に臥し胆を嘗めても、きっと奸賊である薩長を打倒せ」と激励したものだった。

小田のこうした扇動を毎日のように聞いていた田中舘や原敬、佐藤昌介らの間には、朝敵の汚名をすすぐためにも上京し、政治の舞台に躍り出て薩長政府を倒し一矢を報いなければならないという考えがふつふつとわいてくるのだった。

そんな思いになりはじめていた翌明治4年（一八七一）、田中舘の周りに異変が起こった。その9月、東京で英学を修めてきた中原雅郎という男が、盛岡藩の学制を改革し、すべて洋学中心にしてしまい、藩校作人館を盛岡洋学校のようにしてしまったのである。今まで『古事記』とか『日本外史』などを学んできた田中舘からすると、不愉快このうえもなかった。

当時、田中舘は日記さえも全文漢字で記していたくらいで、次のようにそのころの不満をぶちまけている。

「九月二十四日雨雪。中原某の洋書を講ずるを聞く。この時、大参事臨席、諸官以下諸生みな胡床（椅子）に倚る。夜に至り文を作る。…翌二十五日には漢学の教育は、多く止めた。それで、これに憤慨したもの十人ばかりは、なにもここでこんな異人の学問ばかりする必要はないといって、この学校を出てしまって…」（「新岩手人」39号）

そのため田中舘はこの藩校をさっさとやめ、太田代恒徳（一八三五－一九〇一）の漢学塾に通い始めた。この塾で漢学の授業を受けて、ようやく溜飲を下げたのだった。『文章規範』の暗唱、『日本外史』『左傳』の講釈などを習うと、田中舘は古巣に帰ってきたような懐かしさを感じたものだった。

それほど、このころは漢学にこの上ない親しみを感じていたのである。

明治5年6月、上京

そういう田中舘だったが、やはり開国進取の風を感じてからは、だんだんと上京したい気分にかられていく。盛岡にも、東京の状況がゆっくりではあるが伝えられてきていたからである。それと藩校修文所で一緒に学んだ連中が、そろいもそろって上京していたこともあったに違いない。

たとえば佐藤昌介は明治4年（一八七一）1月に、原敬は同年暮れに既に上京していた。田中舘はそういう上京組を、仙北町の町はずれの小鷹まで見送って前途を祝したものだった。そんなふうに送っているうちに、田中舘は一人盛岡に取り残された気分になっていたのかもしれない。

実はひと足早く、田中舘の父は上京していて、いろいろと奔走はしていた。その間、何度も郷里の息子から上京したい旨の伝言が着いていたので、父はついに腹を決めたようだ。

「もうこういう世の中になっては、子どもに学問をさせて、国に奉ずるほかはない。ついては財産をすべて売り払って出てこい」（「新岩手人」39号）

家屋敷や地所を農家の人たちに売り渡し、證書を書いて始末をしたら千円ほどの金になった。ちょうどそのころ父が東京からやってきて、母や田中舘、その弟らを連れて東京に出たのだった。明治5年（一八七二）6月のことだった。このとき田中舘の頭はすでに、東京に出て西洋の学問を学ばなければ、これからの世の中はやっていけない、ぐらいの覚悟はできていたようだ。

上京後、田中舘が入ったのは、慶應義塾だった。ところが、私学の授業料は高く、しだいに払えなくなっていく。そこで田中舘は慶應を辞めて安い官学をめざし、東京開成学校（のちの東京大学）に入学する。そこから明治11年（一八七八）、東京大学理学部に入っている。

このように、このころは旧藩士の子弟たちが上京し、大変な苦労をした時代だった。目指す東京に親類縁者や知り合いがいなかったので、金銭的に切り詰めた生活をしなければならなかったし、戊辰戦争で負けて賊軍となったので、政府の枢要なところに地位を得ている先輩もいなかったので誰も頼ることなどできず、どうしても勤勉に努力しなければならなかったのである。つまり必然的に、彼らは独立独歩を余儀なくさせられたのである。

大正中期、みな頭角を現す

さいわい盛岡藩の士族の子弟たちは勤勉な青年たちが多く、彼らは遊びほうけることもほとんどなく、着実に目指す学校をへて地位を得ていった。こうした血のにじむような精進をへて、明治末から大正半ばにかけて、みな一斉に花を開かせたのである。田中舘をはじめとして原敬や佐藤昌介、阿部浩、那珂通世、新渡戸稲造（一八六二―一九三三）などはみな、そういう試練をへた苦労人ばかりであった。

ちなみに大正7年（一九一八）の時点での彼らの地位を列挙してみよう。

原　　敬　↓　内閣総理大臣
阿部　浩　↓　東京府知事
田中舘愛橘　↓　東京帝国大学教授
佐藤　昌介　↓　北海道帝国大学総長
新渡戸稲造　↓　東京帝国大学教授、東京女子大学学長
那珂　通世　↓　東京高等師範学校教授や帝国大学講師をしたが10年前にすでに死

去

このころの彼らの社会的地位は、俗世間的にみても壮観で目を見張らされる思いがする。最初の希望とは違った道を歩んだ人も少なくないが、岩手の地を離れたのち、みな勤勉の2字でもって、このような地位を築いていった人たちばかりであった。このように、岩手人が中央で枢要な地位を占め、一斉に花開いた時期が確かにあったのである。そのなかの一人として、田中舘愛橘も燦然と輝いていたのである。

19　人名事典について思うこと

人名事典をしらべていくと、おもしろいこと、ふだん気がつかないことがわかって、ついのめりこんでしまいそうになります。

愛橘の扱いが人名事典によって極端にちがうことが最近わかりました。

私がおどろいたのは、かなり厚い物理学事典に、愛橘のことが1字ものっていないのです。人名事典ではないからのっていないのではありません。他の物理学者の名前はちゃんとのっています。おそらくこれは編集する側の方針（ほうしん）なのだと私は思います。つまりその編集方針からすると愛橘はその事典にのせるだけの資格がないのでしょう。愛橘についてよく指摘（してき）されることは、愛橘には科学の歴史にのこる発見も発明もしていないということです。これは事実です。しかしもしそのような基準だけで事典をつくるとするなら、愛橘のように発見、発明をしていなくても、その他の事柄で科学の歴史にのこるようなことをしているのにのらない人が数多くいるでしょう。とても事典にのせきれないという声も聞こえてきそうです。そうならどこかで線をひけばすむことです。『海を越えた日本人名事典』

（日外アソシエーツ刊）の愛橘の項目では、愛橘を高く評価しています。科学博物館の企画展示のタイトルは、愛橘の名前の前に「日本物理学の祖」という肩書のようなものをそえています。科学に限らずどの学問分野でも、愛橘のようにその分野の基礎、土台をつくった、弟子たちを育てたという功績は発見、発明にくらべると目立たない、わかりにくい、というういい方はわかります。しかし、だからといって目立つ部分をとりあげ、大切なことなのに目立たない部分を切りすてるというやり方に、私は納得できません。愛橘がそうされているから不満というより、そういうやり方をすると発見、発明とは別の面で大切な仕事をした人を無視することになるからです。そして、それが結局過去の歴史の正しい評価をさまたげることにもなりかねないからです。震災予防調査会の一八九二年（明治25年）からの調査研究が、これまでの日本の地震の被害をどれほどへらしたかについて、東日本大震災以来聞いたことがないのがその一つの例です。愛橘はこういう現状を知ったらなんというかを考えるのが私の大きな楽しみなのです。愛橘は「アッハッハ、まんず、まんず」と大声で笑いとばし、自分の功績の扱い方に不満をいだくより、自分の地道な努力が国民や世の中に少しでも役に立っていることを心からよろこぶでしょう。

第二章　田中舘愛橘の足跡

国際会議

田中舘愛橘（一八五六－一九五二）は、一八八二年（明治15年）に東京大学理学部物理学科を第一期生として卒業し、その後の留学を経て東京帝国大学教授となり、日本における物理学の草分けとなった人物です。その活躍は、地球物理学（日本各地の重力測定や地磁気測定、地震研究など）や航空分野などの学術分野のみならず、学士院会員、貴族院議員としてメートル法やローマ字の普及に努めるなど、我が国の科学技術の振興と啓発に尽力し、多数の弟子を育て、幅広い分野に業績を残しています。

特に一八九一年（明治24年）10月に発生した濃尾地震では、震源地において根尾谷断層を発見、調査し、地震研究の必要性を唱え、文部省震災予防調査会の設立に尽力しました。この時に岩手県水沢に設置されたのが緯度観測所（現在の国立天文台水沢観測所）で、弟子の木村栄のZ項発見につながっています。また航空分野でも臨時軍用気球研究会を設立、委員となり、徳川・日野両大尉の本邦初飛行につなげ、学術的にも東京帝国大学航空研究所設立の中心人物でした。さらに多数の国際会議や学会に出席し、日本の学術や科学を海外に紹介し、日本人初の国際度量衡委員会委員、また恩師ケルビン卿や多数の友人らとの交流を通して、国際的にも活躍しました。

国立科学博物館理工学研究部

1　大学時代

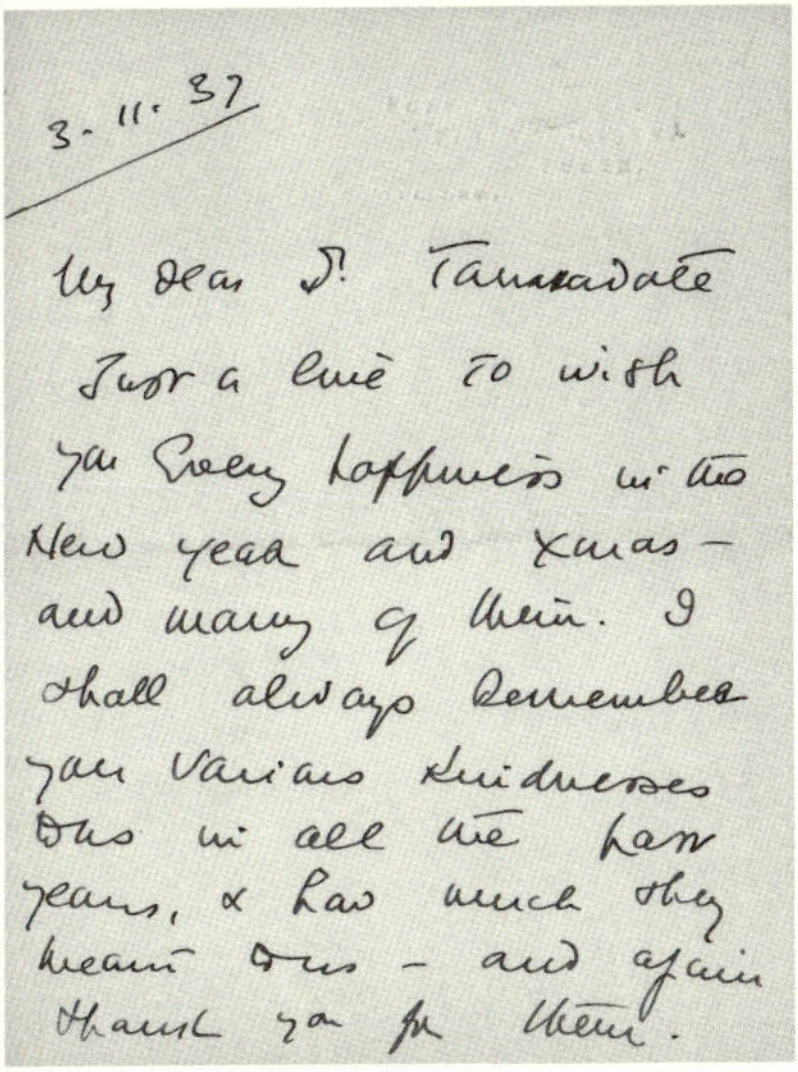
3. 11. 37

My dear Dr Tanakadate

Just a line to wish you every happiness in the New year and Xmas — and many of them. I shall always remember your various kindnesses to us in all the past years, & how much they meant to us — and again thank you for them.

東京大学在学中のイギリス人の恩師ユーイングからの英語の手紙。達筆だが読みにくい。

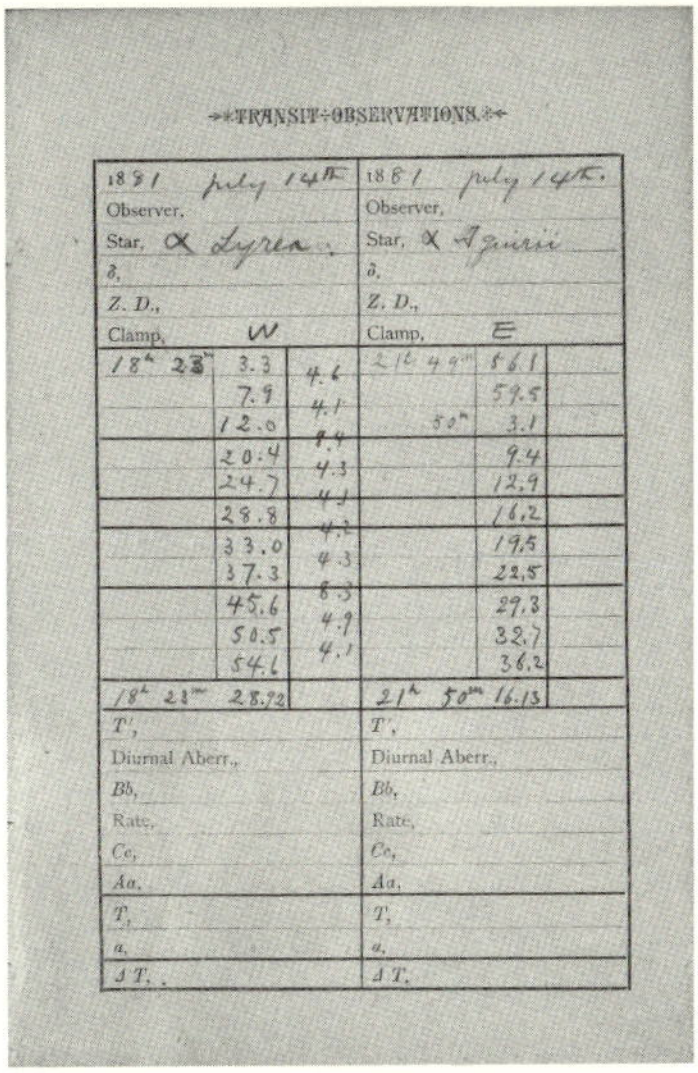
TRANSIT OBSERVATIONS.

1881 July 14th		1881 July 14th	
Observer,		Observer,	
Star, α Lyrae		Star, α Aquilae	
δ,		δ,	
Z. D.,		Z. D.,	
Clamp, W		Clamp, E	
18h 23m 3.3	4.6	21h 49m 56.1	
7.9	4.1	59.5	
12.0	4.4	50m 3.1	
20.4	4.3	9.4	
24.7	4.1	12.9	
28.8	4.2	16.2	
33.0	4.3	19.5	
37.3	8.3	22.5	
45.6	4.9	29.3	
50.5	4.1	32.7	
54.1		36.2	
18h 23m 28.92		21h 50m 16.13	
T',		T',	
Diurnal Aberr.,		Diurnal Aberr.,	
Bb,		Bb,	
Rate,		Rate,	
Cc,		Cc,	
Aa,		Aa,	
T,		T,	
a,		a,	
ΔT,		ΔT,	

大学時代の英語による観測日誌。

明治11年9月に、できたばかりの東京大学理学部物理学科に入学し、明治15年7月に卒業するまでの愛橘にとっての大学生活はどうだったのでしょうか。大学とは名ばかりで、いっしょに入学した第一期物理学科の同級生はたったの4人、実験室にはほとんど器具らしきものがなく、いわばないものづくしの状態で大学時代のスタートを切ったというわけです。

しかし生活が充実しているかどうかは物質的(ぶっしつてき)な条件(じょうけん)だけできまるわけではないことは、昔も今もかわらないと私は思います。人間はその限られた条件の中でいかに充実した人生を送るかを考えなければなりません。もちろんその人の努力次第といっても限界はあります。そんなことを頭にいれて愛橘の大学生活を考えてみれば、愛橘の青春時代を送るにはもってこいの環境の中で充実した大学時代を送ることができた、といってよいと思います。校舎は今の本郷にあったのではなく現在の学士会館のあたりにありました。

教師は物理学が山川健次郎、数学が菊池大麓で、そのほかは外国人でした。入学した次の月にイギリスからユーイング先生、アメリカからメンデンホール先生がやって来ましたが、物理の教師はメンデンホール先生でした。

大学入学以前の学校では物理の実験は先生が講義をしながらやってみせるので、学生はみているだけでした。大学では学生が自分でそれをやるのです。学生の数がすくないので、実験は先生と学生がさしむかいで行なうことになるわけです。真剣にならざるをえません。

山川先生にやらされた実験のとき、愛橘の実験のほうが正しいことを先生に証明してみせたという話も残されています。

大学では親しみをこめてメンデンホール先生をメン公、ユーイング先生をユー公という呼び名を使い、愛橘は舘さんと呼ばれました。

国家にとって役に立つ人材を育てあげるために、本格的な研究の準備段階で、外国人の先生からつきっきりで測定の方法を教えられたのです。今の大学のマスプロ（学生が多数の）教育ではむずかしいかもしれません。

このころ例の「ニュートン祭」が始まりました。ニュートンの祭壇を設けリンゴで振り子を作って飾るなどして、他の学科の学生も招いて大いにさわいだそうです。教授から学生まで1年間の失敗を似顔と共にスクリーンに映し出すのですが、ニュートン祭をはじめた張本人の愛橘が一番の話題の提供者だったそうです。いかにも愛橘らしく、つい笑顔にさせられてしまうエピソードですね。おそらく愛橘はそれをみながら出席者といっしょにニコニコ笑っていたでしょう。そしてそれがその場をさらに明るくたのしいものにしたでしょうね。（彼が学生を指導した重力と地磁気測定については別項でふれます）

一八八一年（明治14年）メンデンホール先生がアメリカへ帰ったあとにユーイング先生が物理学を担当することになり、もっぱら電磁気学を講義しました。

・重力と地磁気の測定

愛橘が大学二年生のとき、メンデンホール先生が東京の重力の測定をやらせました。学生が振子の使いかたに熟練したであろうというわけで、今度は富士山頂で重力測定を行なうために、メンデンホール先生を先頭に教師、学生数名が参加して実行にうつされました。

一八八一年（明治14年）に愛橘が４年生となり、夏休みに重力測定を札幌（さっぽろ）で行ないました。メンデンホール先生はすでにアメリカへ帰っていましたので、他の人がその指導にあたりましたが、現在とちがって不便な時代でしたから、札幌へ行くのに参加した人たちはずい分苦労したようです。

沖縄（おきなわ）の重力測定には、すでに准助教授（じゅんじょきょうじゅ）となっていた愛橘が出張を大学から命じられて参加しました。

さらに一八八四年（明治17年）の小笠原島（おがさわらじま）の重力と地磁気の測定に、愛橘と学生３人が参加しました。

震災予防調査会（別項参照）が設立されてまず調査するよう議決されたのが、日本全国の地磁気の測定で、愛橘がこれを引き受けることになりました。そこで愛橘は夏休みを利用して4年にわたってこれを実施しました。これは以下に示すように実に大がかりなもので、これほどの規模のものは日本ではじめてのことでした。

明治26年　本州中部
　第1班　4人　44か所
　第2班　愛橘ほか4人　47か所
明治27年　北海道
　第1班　愛橘ほかふたり　38か所
　第2班　ふたり　28か所
明治28年　本州北部
　第1班　愛橘ほか3人　37か所
　第2班　4人　32か所
明治29年　近畿、本州西南部、四国、九州
　第1班　3人　28か所

第2班　愛橘ほかふたり　43か所
第3班　3人　30か所

東京の測定は、これらの測定の始まる前とおわったあとに行なわれました。これらの報告は、すべてをまとめると五三〇ページとなり、図版37、地図9を含む大がかりなものとなりました。一九〇四年（明治37年）11月のことでした。そしてこれが外国の地球物理学関係の学者に贈られ賞賛を博したのでした。

一九〇七年（明治40年）頃、水路部は地磁気測定などを行なっていましたが、これをやるには愛橘に指導してもらう方がよいということになり、愛橘にその調査嘱託という辞令が発せられました。

一九一三年（大正2年）5月にそれが終了しましたが、愛橘はその様子を自転車で巡視してまわりました。測定地点は日本の本州をはじめとして朝鮮、琉球、台湾などにまで及び、合計三三二一か所に達しました。第3回は昭和7年から8年にかけて実施されましたが、これらを含む日本の地磁気測定はすべて愛橘の息がかかっていると、愛橘と地磁気測定に参加した中村清二はその著書の中でのべておられます。

一九一九年（大正8年）に終わった世界大戦の影響で、国際学術研究会議により測地学

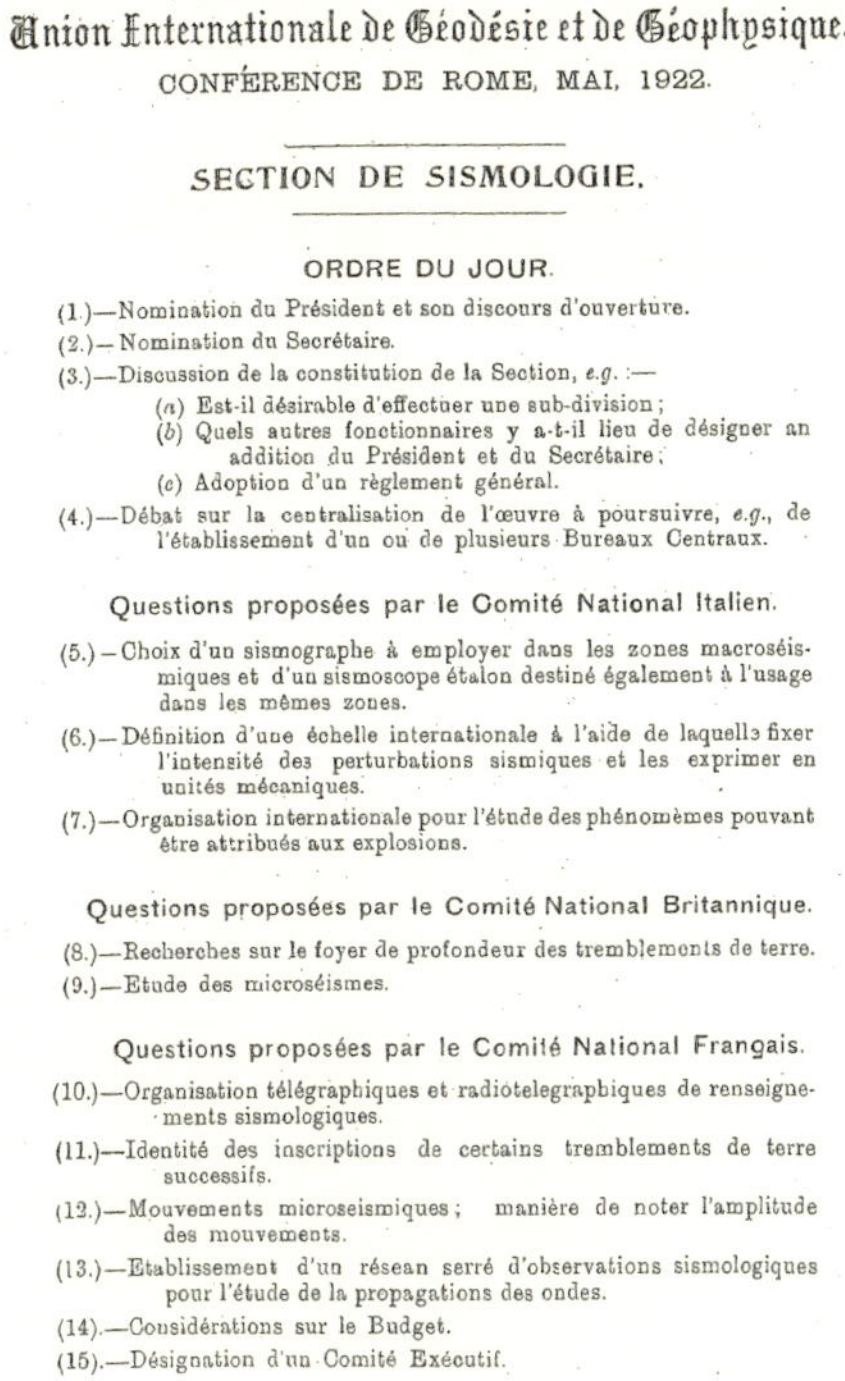

Union Internationale de Géodésie et de Géophysique.
CONFÉRENCE DE ROME, MAI, 1922.

SECTION DE SISMOLOGIE.

ORDRE DU JOUR.

(1.)—Nomination du Président et son discours d'ouverture.
(2.)—Nomination du Secrétaire.
(3.)—Discussion de la constitution de la Section, *e.g.* :—
(*a*) Est-il désirable d'effectuer une sub-division ;
(*b*) Quels autres fonctionnaires y a-t-il lieu de désigner an addition du Président et du Secrétaire ;
(*c*) Adoption d'un règlement général.
(4.)—Débat sur la centralisation de l'œuvre à poursuivre, *e.g.*, de l'établissement d'un ou de plusieurs Bureaux Centraux.

Questions proposées par le Comité National Italien.

(5.)—Choix d'un sismographe à employer dans les zones macroséismiques et d'un sismoscope étalon destiné également à l'usage dans les mêmes zones.
(6.)—Définition d'une échelle internationale à l'aide de laquelle fixer l'intensité des perturbations sismiques et les exprimer en unités mécaniques.
(7.)—Organisation internationale pour l'étude des phénomèmes pouvant être attribués aux explosions.

Questions proposées par le Comité National Britannique.

(8.)—Recherches sur le foyer de profondeur des tremblements de terre.
(9.)—Etude des microséismes.

Questions proposées par le Comité National Français.

(10.)—Organisation télégraphiques et radiotelegraphiques de renseignements sismologiques.
(11.)—Identité des inscriptions de certains tremblements de terre successifs.
(12.)—Mouvements microseismiques ; manière de noter l'amplitude des mouvements.
(13.)—Etablissement d'un réseau serré d'observations sismologiques pour l'étude de la propagations des ondes.
(14.)—Considérations sur le Budget.
(15.)—Désignation d'un Comité Exécutif.

地球物理学（地震）関係の国際会議の日程表。
（フランス語）

及び地球物理学国際会議が設立され、昭和5年ストックホルムで総会を開いたとき、同時観測を一八八二年の極地観測遠征の50年目の記念事業として各国共同で行なうことがきわめて有益であることが認められて、会議のあとレニングラードでその準備協議会を開き、昭和7年から約一年間にわたって全世界で共同観測を行なうことになりました。

この協議に愛橘は大いに活躍したのですが観測の対象は地磁気、気象、空中電気、地電流など広い地域に同時に変化の生じる地球物理学的現象です。これらの現象は地球の極地に密接な関係があり、この観測を行なう年をPolar Year（ポーラーイヤー）と呼んだそうです。Polar Yearという英語と、日本の観測地の一つ柿岡（茨城県石岡市）という地名を、私は祖母が口にするのを何度も聞いたことがあります。

・緯度変化

緯度変化の観測の仕事はもとはといえば震災予防調査会のものでしたが、のちに測地学委員会に移されました。愛橘はこの緯度観測の産みの親です。

この現象は、地球の回転軸が地球に対して移動するので、各地の緯度が時がたつにつれて変化することをいいます。この問題は、愛橘が外国に留学していたころから学者の注意をひいていました。そして震災予防調査会が設立される前から万国測地学協会の会長より日本に対し「日本では地震がひんぱんにおきるので、その観測場所をえらんでほしい」という依頼状が届いていたのです。そこで調査会は成立するとすぐそれを研究題目のひとつとしてとりあげ、器械をドイツからとりよせて、麻布の東京天文台で観測をはじめました。

一八九四年（明治27年）、愛橘は万国測地学協会の委員に挙げられ、日本が国としてこの協会に参加して地磁気、重力、緯度変化などを国際的に共同研究することになり、愛橘が日本の代表委員となったのでした。そこで文部省の中に国内の測地学委員会がつくられ、国際会議に対する日本としての意見を協議しました。一八九八年（明治31年）10月、愛橘は命ぜられて国内要員の木村栄といっしょにドイツのシュトゥットガルト市での委員会総会に出席することになりました。この会議で北緯三九度八分の六か所に緯度観測所がつくられることが決まりました。その中に日本の岩手県水沢が含まれていました。一八九九年（明治32年）2月、愛橘は帰国すると、岩手県水沢へ出向いて観測所設立を監督しました。観測が始まってから半年ほどの報告が中央局に集められたあと、中央局からの中間報告が配布され、その中に「水沢の観測はよその観測と一致しないところがある。どこかでまちがいをやっていると認定する」と書いてあったため、測地学委員会は大さわぎとなったのです。そこで愛橘はすぐに水沢へ出かけて行って器械の各部を検査し、観測のやり方をくわしくしらべ、観測帳も綿密に調査して、「中央局から指摘されたまちがいがおきる点がどこにもないことを明らかにしました。そこで木村栄は中央局の計算方法に欠点がある、何か別の計算方法を調べるのがよいのではないか」と考え、すべての観測所の観測値について研究し、一九〇二年（明治35年）、Z項の発見を発表したのでした。このとき愛橘はこの論文を「木村栄に中央局へ送らない方がよい、天文学の第一級の学術雑誌にそれを公表し世界の学者の批判を受けるのがよい」と助言しました。そうすれば木村の発表した計算式で水沢はもちろんのこと、すべての観測所の結果がなんの矛盾もなく、ひとつの計算式で表わせることを示すことになるだろうと考えたからです。

一九一四年（大正3年）に第一次世界大戦が勃発すると、連合国側は学術上のことでもドイツと共同研究を行なおうとしませんでしたが、観測だけは、日本、イタリア、アメリカ合衆国が続行し、戦争中も緯度観測の事業は中断されることがなかったのです。委員の中に、戦争中はドイツの中央局に送ることを中止しようと主張する者もあったのですが、当時の委員長だった愛橘はこれを断固拒絶して、さまざまな手をつくしてドイツのポツダムへの記録送付を続けさせたのです。

（中村清二氏の『田中館愛橘先生』を参考にさせていただきました。）

2　メートル法

・メートル法の歴史

度量衡の歴史は古く、それをさかのぼればおよそ二二〇〇年前に中国大陸ではじめて統一王朝を打ち立てた始皇帝時代の、各地でばらばらだった貨幣や度量衡、文字の統一にまで至るのです。ナポレオンはメートル法の普及に熱心でしたが、成功しませんでした。そのころ発展してきた電気と磁気の学問（愛橘が専門とした学問）がナポレオン以上にメートル法の普及に影響を及ぼしたのです。ドイツの物理学者ガウスとウェーバーが一八三五年に絶対単位系というものを発表しましたが、その基本単位としてメートル法がえらばれたのです。メートル法がひろまるにつれ、一八三七年、「一八四〇年以後にメートル法以外の古い単位などは絶対に使わないこと、これに違反すると罰せられること」が法律で定められました。このようにしてフランスは完全にメートル法になったのですが、フランス政府は各国にメートル法を使うことをすすめ、ついに一八七〇年と一八七二年にパリで第一回度量衡国際会議が開かれたときには、32か国の代表51名が熱心に話しあいをしました。

一八七五年5月20日に17か国の間で万国メートル条約がむすばれました。しかし日本は政府の人たちの意見が一致せず、この条約参加をすすめられましたが見送っています。まだその時期ではないと判断したためです。

その後の一八八四年、条約加盟国にメートル原器をくばることになったので、日本も条約に加盟してはどうかと強くすすめられ、一八八五年に条約加盟の手続きを行ない一八八六年に法律を出しました。一八八九年度量衡法を制定しましたが、尺貫法を基本としつつメートル法も認めるというものでした。

一八九一年、帝国議会で度量衡法を決議、一九二一年に度量衡法を一部改正、メートル法を基本とするということになりました。メートル法の先進国のフランスでさえ、メートル法に関する体制がととのうまで実に41年もかかっているのです。

一九五一年、日本では日本計量法が公布されて「度量衡」から「計量」へときりかえられ、愛橋の亡くなった一九五二年にそれが施行されています。

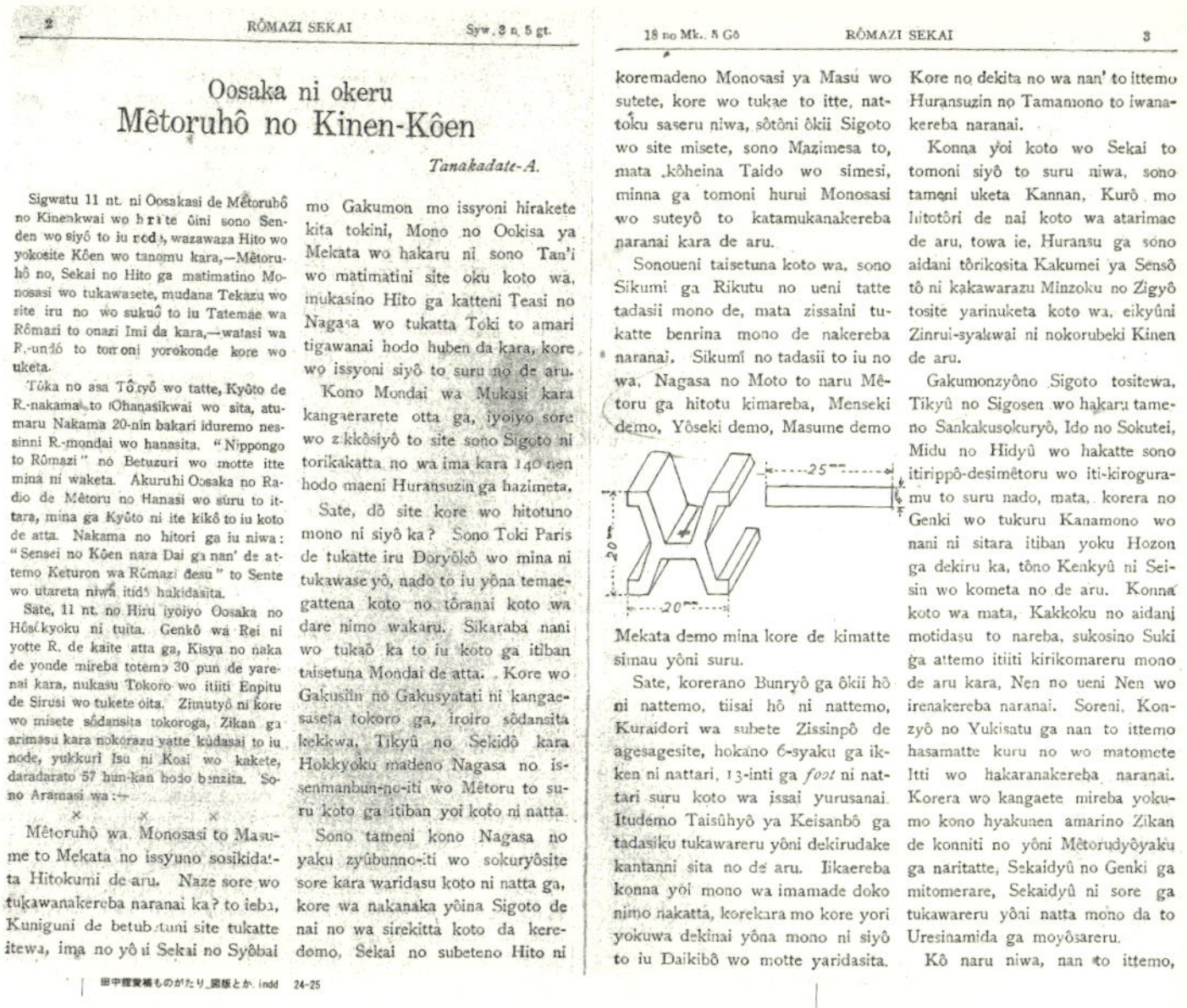
2 RÔMAZI SEKAI Syw. 3 n. 5 gt.

Oosaka ni okeru
Mêtoruhô no Kinen-Kôen

Tanakadate-A.

Sigwatu 11 nt. ni Oosakasi de Mêtoruhô no Kinenkwai wo hirite ôini sono Senden wo siyô to iu node, wazawaza Hito wo yokosite Kôen wo tanomu kara,—Mêtoruhô no, Sekai no Hito ga matimatino Monosasi wo tukawasete, mudana Tekazu wo site iru no wo sukuô to iu Tatemae wa Rômazi to onazi Imi da kara,—watasi wa R.-undô to tomoni yorokonde kore wo uketa.

Tôka no asa Tôkyô wo tatte, Kyôto de R.-nakama to Ohanasikwai wo sita, atumaru Nakama 20-nin bakari iduremo nessinni R.-mondai wo hanasita. "Nippongo to Rômazi" no Betuzuri wo motte itte mina ni waketa. Akuruhi Oosaka no Radio de Mêtoru no Hanasi wo suru to ittara, mina ga Kyôto ni ite kikô to iu koto de atta. Nakama no hitori ga iu niwa: "Sensei no Kôen nara Dai ga nan' de attemo Keturon wa Rômazi desu" to Sente wo utareta niwa itido hukidasita.

Sate, 11 nt. no Hiru iyoiyo Oosaka no Hôsôkyoku ni tuita. Genkô wa Rei ni yotte R. de kaite atta ga, Kisya no naka de yonde mireba totemo 30 pun de yarenai kara, nukasu Tokoro wo itiiti Enpitu de Sirusi wo tukete oita. Zimutyô ni kore wo misete sôdansita tokoroga, Zikan ga arimasu kara nokorazu yatte kudasai to iu node, yukkuri Isu ni Kosi wo kakete, daradarato 57 hun-kan hodo benzita. Sono Aramasi wa:—

× × ×

Mêtoruhô wa Monosasi to Masume to Mekata no issyuno sosikidatta Hitokumi de aru. Naze sore wo tukawanakereba naranai ka? to ieba, Kuniguni de betubetuni site tukatte itewa, ima no yôni Sekai no Syôbai mo Gakumon mo issyoni hirakete kita tokini, Mono no Ookisa ya Mekata wo hakaru ni sono Tan'i wo matimatini site oku koto wa, mukasino Hito ga katteni Teasi no Nagasa wo tukatta Toki to amari tigawanai hodo huben da kara, kore wo issyoni siyô to suru no de aru.

Kono Mondai wa Mukasi kara kangaerarete otta ga, iyoiyo sore wo zikkôsiyô to site sono Sigoto ni torikakatta no wa ima kara 140 nen hodo maeni Huransuzin ga hazimeta.

Sate, dô site kore wo hitotuno mono ni siyô ka? Sono Toki Paris de tukatte iru Doryôkô wo mina ni tukawase yô, nado to iu yôna temaegattena koto no tôranai koto wa dare nimo wakaru. Sikaraba nani wo tukaô ka to iu koto ga itiban taisetuna Mondai de atta. Kore wo Gakusiin no Gakusyatati ni kangaesaseta tokoro ga, iroiro sôdansita kekkwa, Tikyû no Sekidô kara Hokkyoku madeno Nagasa no issenmanbun-no-iti wo Mêtoru to suru koto ga itiban yoi koto ni natta.

Sono tameni kono Nagasa no yaku zyûbunno-iti wo sokuryôsite sore kara waridasu koto ni natta ga, kore wa nakanaka yôina Sigoto de nai no wa sirekitta koto da keredomo, Sekai no subeteno Hito ni

18 no Mk. 5 Gô RÔMAZI SEKAI 3

koremadeno Monosasi ya Masu wo sutete, kore wo tukae to itte, nattoku saseru niwa, sôtôni ôkii Sigoto wo site misete, sono Mazimesa to, mata kôheina Taido wo simesi, minna ga tomoni hurui Monosasi wo suteyô to katamukanakereba naranai kara de aru.

Sonoueni taisetuna koto wa, sono Sikumi ga Rikutu no ueni tatte tadasii mono de, mata zissaini tukatte benrina mono de nakereba naranai. Sikumi no tadasii to iu no wa, Nagasa no Moto to naru Mêtoru ga hitotu kimareba, Menseki demo, Yôseki demo, Masume demo

Mekata demo mina kore de kimatte simau yôni suru.

Sate, korerano Bunryô ga ôkii hô ni nattemo, tiisai hô ni nattemo, Kuraidori wa subete Zissinpô de agesagesite, hokano 6-syaku ga ikken ni nattari, 13-inti ga *foot* ni nattari suru koto wa issai yurusanai. Itudemo Taisûhyô ya Keisanbô ga tadasiku tukawareru yôni dekirudake kantanni sita no de aru. Iikaereba konna yoi mono wa imamade doko nimo nakatta, korekara mo kore yori yokuwa dekinai yôna mono ni siyô to iu Daikibô wo motte yaridasita.

Kore no dekita no wa nan' to ittemo Huransuzin no Tamamono to iwanakereba naranai.

Konna yoi koto wo Sekai to tomoni siyô to suru niwa, sono tameni uketa Kannan, Kurô mo hitotôri de nai koto wa atarimae de aru, towa ie, Huransu ga sono aidani tôrikosita Kakumei ya Sensô tô ni kakawarazu Minzoku no Zigyô tosite yarinuketa koto wa, eikyûni Zinrui-syakwai ni nokorubeki Kinen de aru.

Gakumonzyôno Sigoto tositewa, Tikyû no Sigosen wo hakaru tameno Sankakusokuryô, Ido no Sokutei, Midu no Hidyû wo hakatte sono itirippô-desimêtoru wo iti-kiroguramu to suru nado, mata, korera no Genki wo tukuru Kanamono wo nani ni sitara itiban yoku Hozon ga dekiru ka, tôno Kenkyû ni Seisin wo kometa no de aru. Konna koto wa mata, Kakkoku no aidani motidasu to nareba, sukosino Suki ga attemo itiiti kirikomareru mono de aru kara, Nen no ueni Nen wo irenakereba naranai. Soreni, Konzyô no Yukisatu ga nan to ittemo hasamatte kuru no wo matomete Itti wo hakaranakereba naranai. Korera wo kangaete mireba yokumo kono hyakunen amarino Zikan de konniti no yôni Mêtorudyôyaku ga naritatte, Sekaidyû no Genki ga mitomerare, Sekaidyû ni sore ga tukawareru yôni natta mono da to Uresinamida ga moyôsareru.

Kô naru niwa, nan' to ittemo,

田中舘愛橘ものがたり_図版とか.indd 24-25

ローマ字雑誌にメートル法に関する愛橘の講演の内容を載せている。

・愛橘にとってのメートル法

今、私たちがあたりまえのように使っている「メートル」という単語に関連して、愛橘がメートル法にかかわるようになったきっかけを考えてみることにしましょう。

愛橘の大学での専門分野である地球物理学は、全く自分の自由意志でえらんだ分野です。一生を通じて打ち込んだローマ字運動も、人にたのまれて始めたものではなく、地球物理学とおなじように自分の自由意志によるものです。

それに対してメートルとのかかわりのきっかけは何だったのでしょうか。

自分の大学時代の後輩（こうはい）、木村栄にたのまれてメートル法関係の国際会議の委員になることを決意しそれに就任（しゅうにん）したことがメートル法とのおつきあいの始まりです。一九〇七年

(明治40年）ごろのことです。明治の初期までさかのぼる地球物理学やローマ字とくらべると、30年ぐらいおくれています。

愛橘に委員就任（いいんしゅうにん）をたのんだとき、木村栄は当然のことながらその任命（にんめい）の内容を説明したでしょう。それを聞いてすぐ「はい、わかりました」と二つ返事でひきうけたというより、愛橘なりにはたして自分がその仕事をきちんと責任をもってこなせるかをまず考えたでしょう。自信がなければはっきりとことわったはずです。しかし愛橘はその依頼をよろこんでひきうけました。

その理由を、私なりに考えてみました。このことについて私がふかく考えてみたのは、この伝記執筆をはじめてからのことです。

さて、ひきうけた理由のまず第一は、直接的な理由、つまりたのんだ人のことです。自分の後輩から国際的に重要な役割をはたすことになる委員の就任をたのまれたら、責任感が強く国際会議に出席した経験をもつ愛橘としては、よほど忙しくてまともにその期待にこたえられないか、健康上自信がないなどのはっきりした理由がないかぎり、その依頼を受け入れるのが愛橘らしい態度だと思います。私もすんなりその考えを受けとめることができます。自分の後輩のあとをついで責任をもってその仕事ができれば、愛橘にとってそれは大きな喜びだったにちがいありません。

直接的な理由のほかに、依頼されて決断するとき頭をよぎったと思われることを、いくつかならべてみます。順番はかならずしも重要度の順番となっていません。

愛橘が英国グラスゴー大学に留学したとき、直接指導を受け多大な影響を与えてくれた恩師ケルビン教授のことをわすれるわけにはいきません。愛橘の留学当時、ケルビン先生はイギリスなどの度量衡の不統一が、国民の日常生活や科学の研究などに大きな不利益をもたらしているので、すみやかにメートル法を普及させるべきだと熱心に説いていました。愛橘もケルビン先生のその主張を知っていたはずです。愛橘の東大在学中の恩師メンデンホール先生も母国アメリカで熱心にメートル法の普及に力をそそいでいたので、愛橘はそのことについての話を恩師から聞いていた可能性があります。愛橘にとってメートル法の問題は、二人の恩師からの影響を考えると、ある程度その下地ができていたと考えられます。すくなくとも木村栄の依頼があってはじめてメートル法の問題のありかを知ったとは、考えにくいことです。

さらに、ケルビン先生が学問を社会の役に立てなければならないと考え、自分の研究を社会の中で生かすことに非常に熱心であったことが、愛橘のそれ以降の生き方に大きな影響を与えたことは愛橘のいろいろな実績から明らかで、木村栄の依頼があったとき、そのことが頭によぎったことはじゅうぶんありうることです。愛橘自身それまでの日常生活や科学の研究でメートル法が世の中に普及すればどれほど世の中が便利になるかを、切に願っていたはずです。そこに木村栄の依頼がとびこんでくる――「渡りに船」とはこのことです。

愛橘がメートル法の仕事をひきうけたころの心理状態を推測してみましょう。なんといっても問題はその仕事に要する時間や労力、精神的な重圧などだと思います。愛橘は手ぬきなどは一切しない人でしたが、時期的にいえば物理学関係の仕事がかなり楽になってきているころでしたから、(重力の全国測定の精神的、肉体的負担とくらべれば、すぐわかります)、国内的にはメートル法の普及にむけてのさまざまな啓蒙活動(メートル法に関する講演やパンフレットの発行、ローマ字団体の機関誌への寄稿など)、海外では国際会議への出席(他の国際会議と組み合わせるだけでもずい分負担がへりますし現に愛橘はその工夫をしています)が主な活動だったと考えられます。メートル法普及のための団体の代表として活動するなどということは考えられませんし、必要もなかったでしょう。自分ができる範囲のことを地道に誠実に実行すればそれでよいと愛橘はわりきって考えていたように思えます。

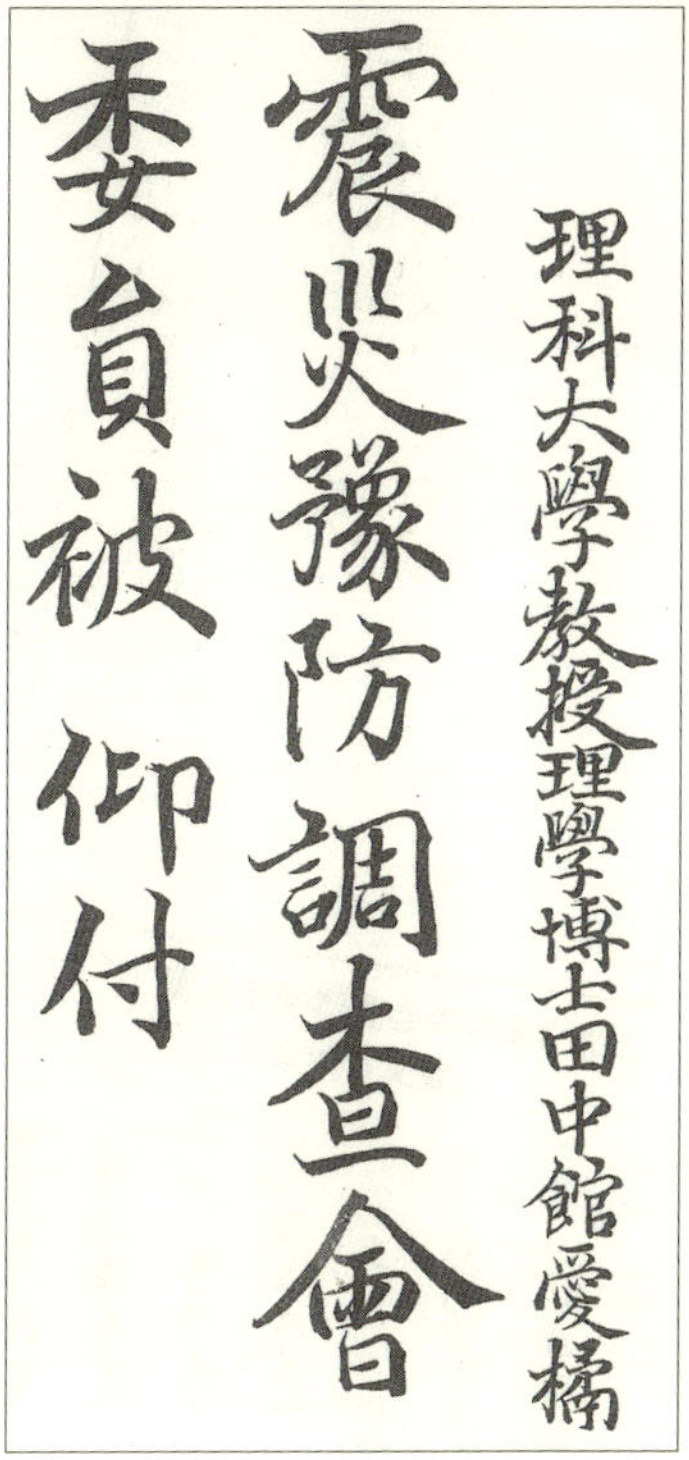

理科大學教授理學博士田中館愛橘
震災豫防調査會
委員被 仰付

3 震災予防調査会

　愛橘と地震との関係で、この組織の存在は非常に大きかったと私は考えています。その理由はいずれ説明することにして、とりあえず日本の地震研究において実に大きな役割を果したこの組織ができたいきさつから話を始めます。

　一八九一年（明治24年）10月18日の濃尾の大地震は東京でもかなり激しいゆれを感じ人々は家の外へとび出すほどでした。午前6時37分におこったこの大地震は仙台以北を除く日本中でそのゆれを感じ、死者七、二七三人という大惨事となりました。愛橘は大学の命を受け視察することになりました。大学生2人と地震学教室の助手1人をつれて11月12日に東京を出発、名古屋まで列車を利用し、そのあと人力車をやとって岐阜経由で根尾谷にはいり、震源地に近い村に午後9時すぎに着きました。

　その直後に愛橘は学生たちと天体観測をはじめました。愛橘は夜があけると地磁気の測定を学生にまかせてその場をはなれました。そしてそのあと愛橘はかの有名な根尾谷の大断層を発見したのです。私も現地をおとずれ、そのときのことに思いをはせました。

この測定の結果、地磁気は地震のために変動するらしいということがわかり、激震地域の地磁気測定を秩序にのっとって実施することになり、ふたたび大学から出張を命じられ、助教授1人、学生3人と共に愛知、岐阜、滋賀、福井、石川の五つの県の測定に出かけることになったのです。そしてその結果、変動がおこったことがわかったのです。

東京へもどって間もないころ、愛橘はある催しに出席したあと菊池大麓理科大学学長と歩きながら、つぎのようにいいました。

「地震そのものに対してはどうしようもないにしても、それから生じる災害については、これを軽減するための予防策を研究するのは、国家として大切なことであるから適当な研究機関を設立したいものだ」。

みなさん、このようなことば、どこかで聞いたおぼえありませんか。

そうです。二〇一一年3月11日の東日本大震災のおきたあと私たちは学者や評論家といった人たちがこのような内容のことをテレビやラジオでしゃべり、新聞・雑誌に書いていましたね。私は何も愛橘のことばが愛橘の専売特許といっているわけではありません。

みなさんに考えてほしいのは、一八九一年（明治24年）、（今から約一二五年前）、にすでに同じ内容のことを口にした人がいたこと、そして同じ気持ちの人たちが集まって地震の予知と防災のために力をつくしたことがまったく忘れ去られ、地震の予知のほうは依然として成果があがっていないのは残念ではありますが、防災については大きな進歩をみせていることはあきらかな事実なのです。

ひとつ例をあげれば、あの地震で東北地方の新幹線にのっていた人はひとりも死なず、けがもしなかったのです。これが明治24年から始められた防災の長い長い研究の成果でなくてなんでしょう。

私がいいたいのは、今私たちがあたりまえのことと思っているさまざまな恩恵(おんけい)が、実は長い歴史の積みかさねの結果だということを忘れてほしくない——このひとことに尽(つ)きます。

愛橘のことばに賛成した菊池大麓や愛橘の努力が実をむすび、一八九二年(明治25年)6月に、文部省の中に震災予防調査会がつくられたのです。菊池大麓と愛橘を含む地震、物理、地質、建築、土木などの専門家が委員に命じられました。

その後、研究部門のほかに、かけつけ委員といって、地震や火山の噴火(ふんか)がおきたらすぐ現場の視察にかけつける係を委員の申しあわせでつくることになり、愛橘がその係に指名されました。このため愛橋があちこちに出かける回数が急増しました。
一八九三年（明治26年）の吾妻山の噴火、35年の鳥島の噴火、38年の駒ヶ岳（北海道）の噴火などがその例です。

この調査会で審議された問題は非常に多い。明治25年ということを考えると信じがたいですね。そんなに昔に！というのが私の率直な感想です。

まずは地震そのものに関する研究です。地震計によって振動の性質をあきらかにする、震源の位置を計算で推定する、地震波の伝わり具合で地殻の構造をさぐる、地質が地震波の進行にどのような影響を及ぼすかをさぐる、地震予知の方法を研究するなどがあげられます。予知については、歴史をさかのぼり各地の記録を調査する、その資料と現在の地震発生の頻度の統計的材料などにより地震地域と呼んでもよい危険な地域を想定し、ふだんからその地域に特別な注意をはらい、いろいろな地震の観測や重力や地磁気などの測定を綿密に行なう、地質や火山などの調査をしておくなどです。みなさんは今ならどんな地域がそれにあたると思いますか。

次に、地震によってひきおこされる災害をへらすための対策として、家屋や橋、鉄道など地上のありとあらゆる構造物と設備の調査などがあり、港湾などの地形によって津波の危険がありそうな場所について警戒をほどこしておく必要があるなどです。

これらの問題について非常に熱心な研究と討議がなされ、特別委員や特殊設備が設けられたりしました。また重力、地磁気、地震計などは、それまでの歴史もあるので一層慎重な研究をつづけるべきだということが決議されました。

具体的には、地磁気の測定は、あらたに調査会によって全国的にくり返されることになり、重力の測定は調査会から別の組織に移されることになりました。

家屋や橋のような構造物が地震に耐えられるかをしらべるために現在は珍しくない、地震に似せてゆらす台の上で実験が実施されました。

外国語と日本語による報告がなんと100巻以上発表され、愛橘はこれらの問題のかなり多くにかかわりました。これは大いに注目してよいことだと思います。

地震計の改良について、ロンドンで開かれた日英大博覧会で愛橘は大賞牌を授けられました。

この調査会は一九二五年（大正14年）11月に廃止され、それにかわって震災予防評議会と地震研究所があらたに設けられました。

さて、この項のはじめにこの調査会が愛橘にとってどんな意味をもつに至ったかをあとでのべると書きました。ここにそれを記（しる）します。

ひとつは、愛橘にとってそれがとりわけうれしかっただろうと思われるのは、自分が実際に大地震の爪（つめ）あとをまのあたりにした直後に、政府の中に自分がいい出しっぺのひとりとなった震災予防調査会が設立され、一流の学者たちの協力で多くの立派な成果をあげることができたという満足感にひたることができたからです。

ふたつめに、それと関連して自分の専門の分野とする地球物理学（とりわけ地震）を、研究室の中にとじこめず、それを広く社会の役に立てるためのきっかけをつくることができたという社会とのかかわりの問題です。

自分の研究分野を社会に関連づけ、優秀（ゆうしゅう）な学者たちと力をあわせて社会のために研究や活動を積極的にすすめることができたというよろこびは、さぞかし大きかったことでしょう。

・青年よ、大地をいだけ！　地震の防災研究を！

私が愛橘に関連して気がかりなことがあります。愛橘があれほど情熱を傾（かたむ）けて研究した地震学を学ぼうとする若い人がなかなか出てこないという現象です。それにはいろいろな理由が考えられるでしょう。夢がない、将来の展望がもちにくい、社会でなかなかその成果が認められにくい、予測がはずれれば社会から非難される、だからやりがいがない、などなど。

しごくごもっともです。まず第一に、地震の予知ができるのかという問題です。ほとんどの学者は「きわめてむずかしい」とはいっても、「できない」とはっきりいいません。もしできるなら、東日本大震災であれほど大きな被害は出なかったでしょう。できないことをなぜできないとはっきりいわないのですか。そこにはいろいろな思惑がからんでいるのでしょう。国の予算をつぎこんで、できない予知の研究をなぜやっているんだという批判は当然考えられます。

しかし、ものは考えようです。地震のおきるしくみや地下の構造は、かなりわかってきています。観測設備も格段に進歩し、その数も増えています。それなのに…。私たちの足もとの地下でおこる出来事をあらかじめ知ることは今の科学技術ではできないのです。

私は何人かの専門家に聞きました。どなたも迷わず「できません！」と断言しました。だとしたら、すなおにそれをみとめればいいでありませんか。しかたないことなのです。

すなおにそれを受けとめればいいことなのです。わからないことはいくらもある。愛橘はそれを知りつつ、最大限の努力をしたのでしょう。

いさぎいいですね。あきらめることなく、すこしでも前へ進もうとする。明るい笑顔をたやすことなく前向きに考える。そこにくらさなどない。学問について思いつめ、自殺した外国人の学者のことを聞いた愛橘は、同情はしつつもそれではいけないとやさしくたしなめています。もっと前向きに希望をもっていっしょに進んでいこうではないか、というわけです。

それでは、これから若者に希望のもてる話をしましょう。

地震の予知についてはそのころとほとんど進歩がないのにくらべ、この防災に関する技術は飛躍的に進歩しています。大きなちがいです。長い歴史のつみかさねが、世界に誇る防災技術を発達させたのです。しかし東日本大震災のあと、このことはほとんどとりあげられることなく歴史の中にうもれてしまいました。残念でなりません。

私がここで若い人たちに強調したいことは、防災面での進歩です。過去の多くの先人たちのつみかさねた努力によって多くの財産やたてもの、人命が失われずにすんだことに日本人はもっと誇りをもとう！　ということです。

予知（よち）の研究を少しでも前に進める努力をしながら、いずれおそってくる大地震にそなえて、今の日本の科学技術を最大限いかして防災技術の向上につとめていこうではありませんか！　愛橘が天からみんなをみつめている。がんばれ、がんばれ！　と。

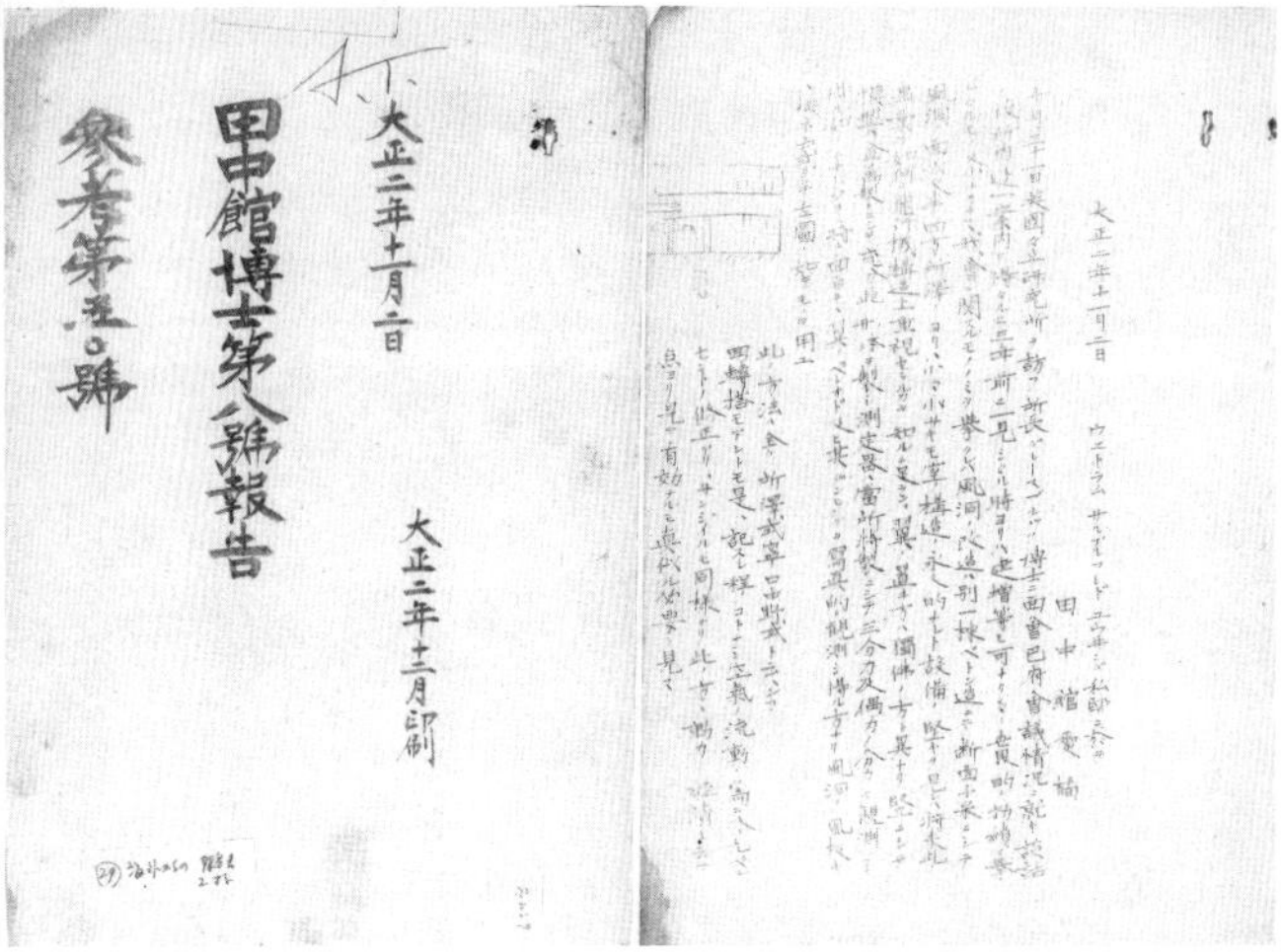

参考第五○号

田中館博士第八号報告

大正二年十一月二日

大正二年十二月印刷

航空についてのヨーロッパからの非常にくわしい報告書の一部

4　航空のこと

日本で気球がはじめて作られたのは、一八七七年（明治10年）のことです。そのあともいろいろな気球がつくられましたが、愛橘が航空問題に関係するようになったのは、一九〇四年（明治37年）の日露戦争勃発のころからです。軍人が戦争に使うための気球を作っていろいろやってみてもうまくいかなかったところ、愛橘が求められて忠告するとうまくいくというわけで、それから愛橘のところにたずねてくるようになったそうです。それでも気球については試行錯誤がつづいたのです。

一九〇七年（明治40年）にパリ市で度量衡の国際会議が開かれていたとき、フランスが軟式航空船をとばしてみせました。その前の年にすでに飛行機の試みもおこなわれたころだったので、愛橘は将来のことも考えて度量衡の調査をしている間に航空に関する視察もして、一九〇八年（明治41年）に帰国しました。このことに私は愛橘の先見の明を感じとります。

日本へ帰るとすぐ、愛橘は大学で風洞（人工的に空気などの流れを作るためのトンネル型の装置）を作って飛行船や飛行機の翼板などの模型について研究を始めました。そのころは風洞といわず風筒と呼ばれていました。荷物をはこぶ長持を買い込みその前後両端の板を取り去って四角い筒型とし、左右の側壁に長い窓を作って筒の中がみえるようにし、その中に飛行船の模型をつるして長持の一方のはしから扇風機で風を送って、気流の状態を試験したのです。

このようにして早撮り写真をとることにしましたが、プロペラの研究もこれと同じように行なわれました。何もないところでありあわせのものを工夫して実験するところがいかにも愛橘らしいですね。ふつうだったらあきらめてしまうところです。

一九〇九年（明治42年）、勅令により臨時軍用気球研究会が設立されました。陸海軍共通で繋留気球や飛行船が研究のテーマでした。その委員は陸海軍の軍人、大学教授、中央気象台技師、そのほか学術にすぐれた人たちの中からえらばれ、委員長は陸軍中将、委員には軍人や愛橘などの学者、中央気象台などがその任にあたることになりました。その年の暮に純国産の「陸軍イ号飛行船」という名の軟式飛行船が所沢(ところざわ)でその飛行に成功したのです。

愛橋はその形をサツマイモにたとえ次のような歌を詠んでいます。

ところざわむべもと見けり名にしるき
芋のなりして空船の飛ぶ

愛橋は研究会の仕事として基礎的研究を主とすべきものと考え、中野にも風洞(ふうどう)を作る一方、航空力学の研究を行なうために東大物理学科の卒業生2人をそれにあてることにし、どんな問題も基礎的に解決しようと努力しました。ところが陸軍は実行を重視し、とにかく飛べばよいという考えでした。海軍は大正元年に航空研究機関を新設しました。もとも

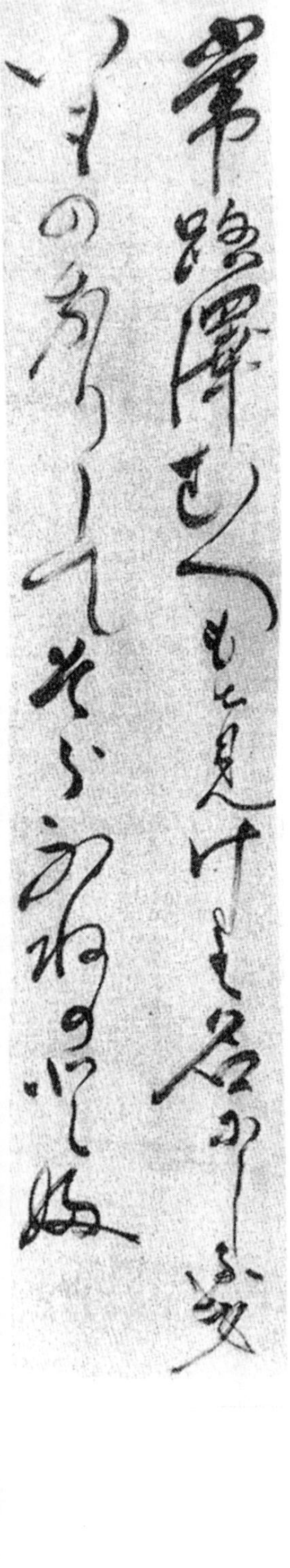

と航空に熱心だった東京帝国大学の山川健次郎（やまかわけんじろう）総長は、大学に航空に関する基礎的研究所を設立するようにと熱心に主張し、一九一六年（大正5年）に大学に航空学調査委員会を設立し、愛橘はその委員長に命じられました。一九一八年（大正7年）に多くの困難（こんなん）をのりこえて航空研究所が発足（ほっそく）しました。

一九〇九年（明治42年）、フランス人海軍中尉（ちゅうい）ル・プリウールが、上野の不忍池（しのばずのいけ）のほとりでグライダーを飛ばしました。この人はぜひグライダーの試験をやってみたいというので軍人の紹介で愛橘のところにやってきたのです。ル・プリウールは理科大学物理学教室で愛橘に質問をくりかえしながら実験を修正していった末に、ついに複葉（ふくよう）（主翼が二重になっていること）グライダーを完成しました。それにル・プリウールはのりこみ、当時としてはめずらしかった自動車にひっぱらせて、速度がついたところで上げ舵（かじ）をとって空中にうかびあがることに成功したのです。

これがひとつのきっかけになったのかもしれませんが、気球研究会の委員の中には気球よりも飛行機の研究を主とすべしと考える人も出てきたり、外国の情勢（じょうせい）から将来の見通しもできたのでしょう、気球の研究と平行して飛行機の研究もしようということになり、ふたりの陸軍大尉（たいい）が外国への出張を命じられたり、飛行場が必要だというわけでそれをどこ

パリのエッフェル塔の近くを飛行機がとんでいます。飛行機の見学をいろいろして帰りますと書いてあります。

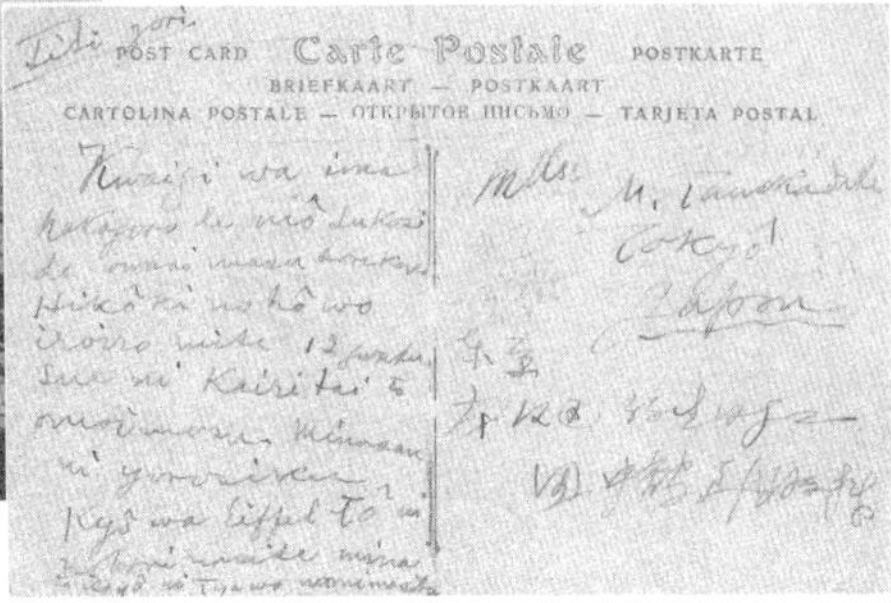

にすべきかの検討も始まり、愛橋は自転車をのりまわしてその候補地の検討に加わりました。ほぼそれが所沢にきまりかけたところで、慎重を期するために外国の飛行場を参考にすることになり、外国のことにくわしい愛橋がえらばれてその任にあたるよう要請されました。

重病だった母親の死をみとったあと、せっかく外国へ行くのだからと、愛橋は飛行機に関する気流の研究の早撮り写真をなんとか出発直前にまにあわせて、一九一〇年（明治43年）、日本をはなれました。敦賀からロシアを経由してベルリンへ向かい航空施設をしらべたあと、学術談話会へ出席して、いろいろな国の学者と航空に関する専門的な意見交換や、日本から持参した早撮り写真をみせ、その寄贈も行ないました。

フランス、イギリス、イタリアの航空に関する視察をし、所沢が飛行場に適しているとの電報を打ちました。

一九一〇年（明治43年）、代々木練兵場で日本初の公開飛行が行なわれ、徳川大尉が複葉機で高さ70m、距離3kmを4分で、日野大尉は単葉機で高さ45ｍ、距離1㎞を1分20秒で飛び、大きな喝采を博したのです。

その年に愛橘は貴族院議員有志のために「航空機の発達及び研究の状況」と題して2時間半に及ぶ学術講演を行ないましたが、そのとき実験をしてみせたり幻灯を使って非常に熱心に航空問題の重要性を説明し、聞く人々を感動させたということです。

同じ年に航空研究所の設立は残念ながら挫折しましたが、貴族院でこの研究所の設立案が通過して予算が計上されました。そこで東京帝大の山川総長は大学内に航空学調査委員会を設置し航空学研究を始めました。委員は愛橘を筆頭に学者の人たちがつとめることになり大学に航空学講座を新設することになりました。一九一八年（大正7年）、深川区越中島に東京帝国大学航空研究所が設立され、大学教授を辞任していた愛橘は顧問を嘱託されました。

研究所は陸海軍の要望によって大いに拡張されましたが、その第二条には基礎的研究に携わることが明記されています。越中島の建物は一九二三年（大正12年）の関東大震災で大半が破壊され、一九三〇年（昭和5年）に現在の駒場への移転が完了しました。

その研究所は、13の部門にわかれていて、次にあげるのはその一部です。

物理部、化学部、冶金部、材料部、風洞部、プロペラ部、飛行機部、心理部これら各部門の基礎的研究が日本の航空界にいかに大きく貢献したかは、ここであらためてくわしくのべる必要はないでしょう。

以下にわかりやすい例をいくつかあげるにとどめます。

航空研究所の長距離飛行を主な目的とする通称「航研機」は、一九三二年（昭和7年）に設計を開始、一九三七年（昭和12年）に製作が完了し、その年5月に62時間22分49秒の連続飛行を行ない、世界記録を樹立しました。無着陸航空距離は一一、六五一km強、このコースの速度は毎時一八六km一九七でこれも同時に長距離速度の記録でした。また、東京朝日新聞社の国産飛行機「神風号」がロンドンまでヨーロッパの飛行をなしとげましたが、この快挙は日本人にしてはじめて達成されたものでした。

第一次世界大戦のあと、一九一九年（大正8年）に国際航空会議において航空条約を締結することになり、その条文を討議することになりました。当時愛橘は学術研究会議に出席するためにヨーロッパに滞在中だったので、全権使節から嘱託されてこの航空会議のために専門委員として仕事をすることになりました。

航空関係の専門委員の仕事というのに、なんとそこで話題になったり問題になったのが、愛橘がかかわりをもつローマ字とメートル法だったというのですから、愛橘にしてみれば、「だから国際会議はやめられない」といったところでしょうか。愛橋がタイプライターを使って条約の案文の日本語訳としてローマ字文を打つことを認めてもらったので、それを外国の委員にみせると、日本でそんなことができるのかと大さわぎになったとか。愛橋先生、ここぞとばかりローマ字論をぶって大とくいだったそうです。会議の本番が始まると、メートル法のことが話題になりました。決められたとおりにすべての文書をメートル法で統一すべきなのに、そのようになっていないことを、愛橋がきちんと指摘し改めさせたのでした。

愛橋にとって四つの分野の垣根などあってなきがごとしだったことがよくわかります。

（中村清二氏の『田中館愛橋先生』を参考にさせていただきました。）

5　国際会議

まず、愛橘が国際会議に出席した時期と会議の種類を具体的に説明します。そのあと、それらの国際会議のうち、とくに私の印象に残るものをいくつかとりあげてみます。

愛橘がはじめて国際会議に出席したのは一八九八年（明治31年）のことであり、そのころ愛橘は東京帝国大学理科大学教授をつとめていました。そしてそれから37年後の一九三五年（昭和10年）に愛橘の国際会議出席の最後の年がおとずれます。どんな感慨(かんがい)をもって愛橘はこの年をむかえたのでしょう。なごりおしさか、やれやれやっと長年の労苦(ろうく)から解放されるという安堵感(あんどかん)だったか。

会議の種類は、地球物理学、航空、メートル法、ローマ字の四つの分野のほか、学術研究会議、議員同盟会議、議員商事会議、太平洋学術会議などいろいろあります。

役職は、委員長、議長、会長などさまざまで、日本代表、東洋代表、帝国貴族院代表、帝国学士院代表などもつとめました。外務省や農商務省などの各種嘱託(しょくたく)として出席したこともあり、滞在期間は数か月にわたることもありました。

国際会議の時の写真。愛橘をさがして下さい。外国人の多さに注目！

愛橘はどこにいるかな？

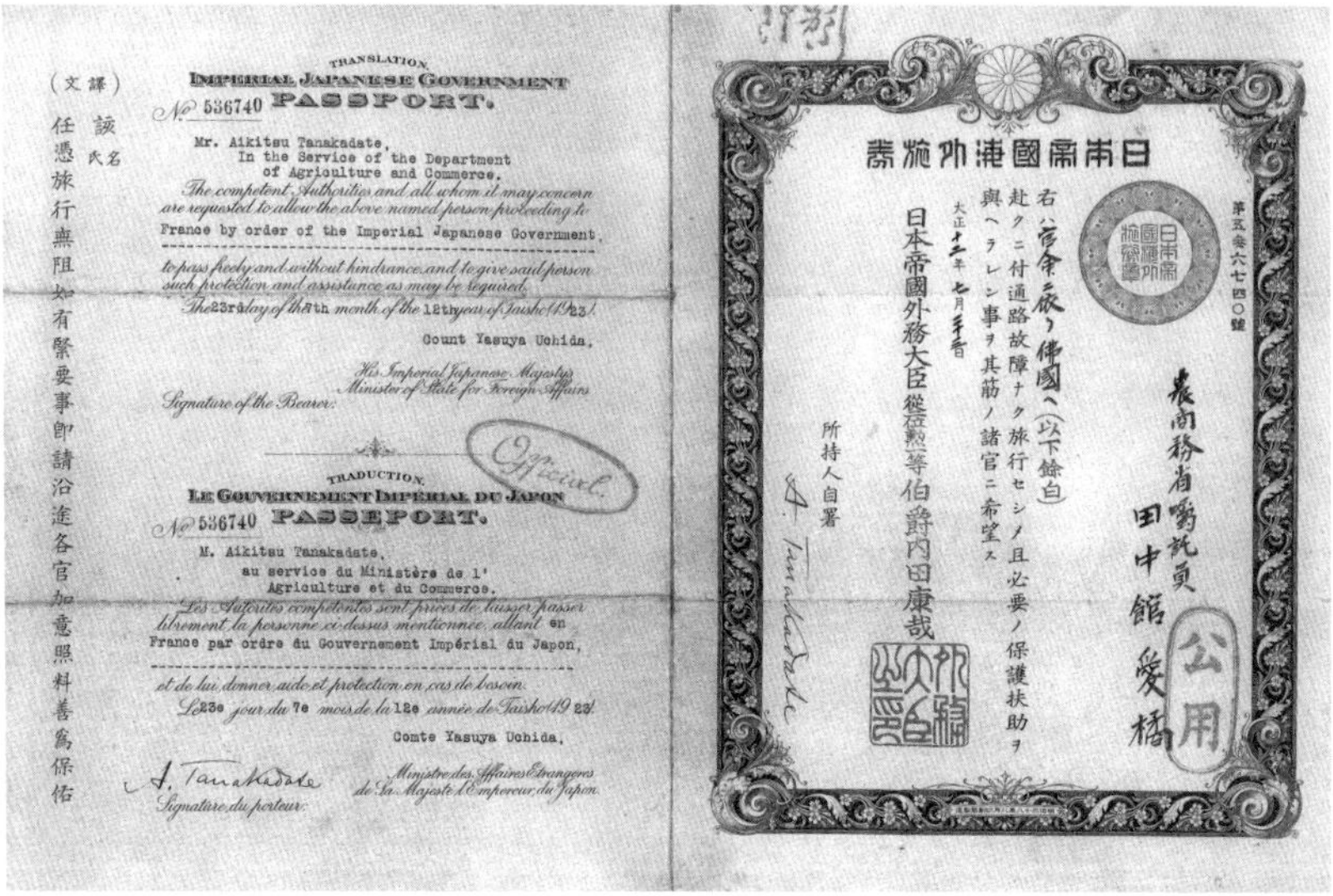

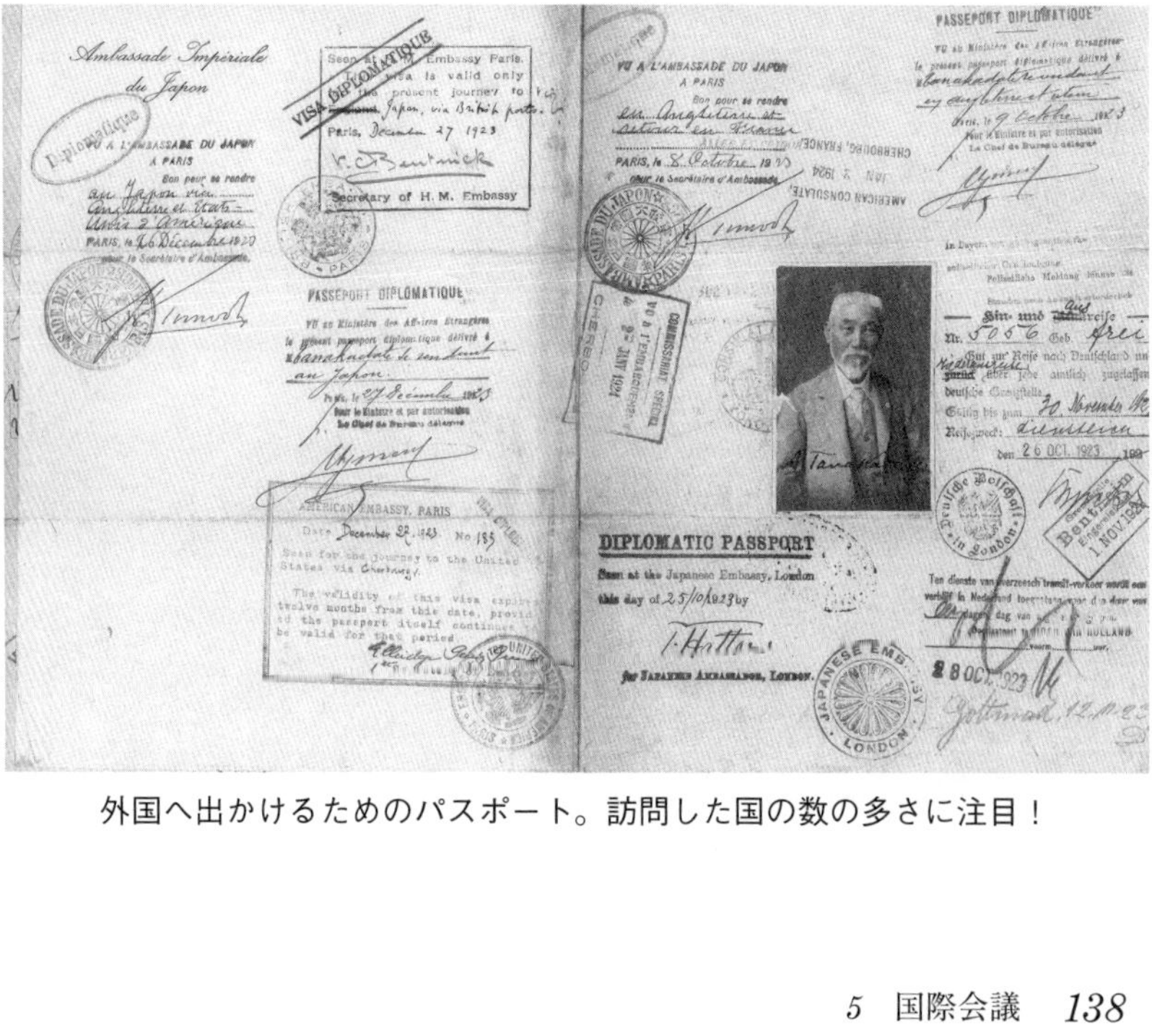

外国へ出かけるためのパスポート。訪問した国の数の多さに注目！

国際会議関係の年表

昭和3年（一九二八）
6月　航空連盟会議（ブリュッセル）
7月　国際天文学会（ライデン）
国際学術研究会議（ブリュッセル）
国際連盟知的協力委員会（ジュネーブ）
8月　議員会議（帝国貴族院代表として・ベルリン）

昭和4年
6月　万国度量衡会議（パリ）
国際航空連盟会議（コペンハーゲン）
航空学会（アーヘン）
7月　国際連盟知的協力委員会（ジュネーブ）
8月　議員会議（ジュネーブ）
9月　国際気象学会（コペンハーゲン）

昭和5年
6月　国際連盟協会会議（ジュネーブ）

国際航空連盟会議（パリ）

7月　国際連盟知的協力委員会（ジュネーブ）

議員会議（ロンドン）

8月　測地学地球物理学国際会議（ストックホルム）

極年観測準備委員会（レニングラード）

9月　国際航空委員会会議（ハーグ）

ドイツ地球物理学会（ポツダム）

第一次世界大戦のころ、学者たちは世界の同じ緯度（いど）の観測結果を集める作業をしていましたが、その結果を集める中央局がたまたまドイツにあったことから、連合国側はその結果をドイツに送ることに反対しました。当該（とうがい）組織の委員長だった愛橘は、学問と政治は別だとの考えからそれに断固（だんこ）反対したため、各国は戦時中もその資料を送り続けたのです。『人物20世紀』という本では、愛橘の項目でこのことにふれ、感動的でさえあるとつけ加えています。私もこの話に感動し、そのような愛橘を誇らしく思います。

次にいくつかの印象にのこる国際会議の例をあげておきましょう。

上の写真は昭和初期の国際連盟知的協力委員会のもので、アインシュタインは右の奥に座り、ほぼ正面を向いている。愛橘は左のほうに座り、ほぼ真左を向いている。その奥に小柄なキュリー夫人の姿がみえる。

愛橘は生涯かなりの部分をローマ字運動にささげましたが、その主張は日本式ローマ字に集約されます。その学問的支えを得たのが Otto Jespersen（オットー・イエスペルセン）や Daniel Jones（ダニエル・ジョーンズ）などの外国人言語学者からでした。国際会議で愛橘は、日本式ローマ字が音韻（おんいん）学的に正当であることを主張してやまず、外国人たちも愛橘の主張を支持し、愛橘は大いに力づけられ、運動にはずみをつけました。

四つの分野以外の会議で最も重要と私が考えるのは、国際連盟知的協力委員会で、愛橘は一九二七年（昭和2年）から一九三三年（昭和8年）まで在職し、アインシュタインやキュリー夫人と同席したこともあります。その委員会でアインシュタインは世界平和の実現をめざし、努力をかさねました。アインシュタインが一九二二年（大正11年）に日本をおとずれたときの写真には、愛橘がアインシュタインのすぐそばに立ち、うれしそうです。

つぎに私がぜひ強調したいのが、愛橘による国際議員連盟会議一九三二年（昭和7年）での軍縮提案です。国際会議で戦争の影響を受け、その処理に何かと苦労した愛橘が国際平和を熱望するようになるのはごく自然ななりゆきでしょう。“I thank Mr. President for giving me this opportunity of expressing my humble views concerning the Disarmament question.”で始まる愛橘の訴えを要約すれば、軍備の縮小には精神的軍縮が欠かせないということです。たしかに、愛橘が没したあと、冷戦時代はさいわいにして幕をおろし、世界規模の戦争が起こるおそれはなくなりましたが、依然として世界のさまざまな地域で戦争の火種をかかえています。愛橘の主張がすんなり実現するとは思えませんが、私は愛橘が自分の学問分野をはなれて、高い次元から世界平和への具体的な案を国際会議の場で提案していたことに注目したいのです。

愛橘と国際会議はきってもきりはなせない。それほど大事なものなのです。

愛橘の国際会議の内容は時代とともに移り変わりをみせていきます。

最初の国際会議は測地学、すなわち地球物理学にかかわるものでしたが、愛橘は大学時代に地球物理学に専念していたので、これは当然のことでした。いきなり四つの分野の国際会議が押し寄せたわけではけっしてないのです。もしそうなら愛橘は身がもたなかったでしょう。時代を経るにしたがって会議の中身が移っていくのは、偶然とはいえ、愛橘には好都合だったでしょう。

地球物理学が一段落すると、つぎは明治40年代からはじまるメートル法の会議、そして航空関係の外国の視察、調査が減るとともに航空関係の会議がふえていきます。

ローマ字にかかわる言語学関係の国際会議は最後のほうに数回だけという事実は、愛橘のローマ字運動をささえたふたつの論文の発表が一八八五年（明治18年）だったことを考えると、不思議な気がします。ほかの分野の国際会議が忙しすぎて余裕がなかったということも理由のひとつだったかもしれませんが、国内のローマ字運動の仕事が多忙をきわめていたし、国際会議の出席がどうしても必要なわけでもなかったのでしょうか。ただ、最後のほうの言語学会議で世界の名だたる言語学者たちが愛橘の主張する日本式ローマ字にこぞって賛成の意思表示をしたことは、遅咲きの桜の開花になぞらえることができるかもしれません。

四つの分野以外では国際連盟知的協力委員会が特筆されますが、ほかにも商事会議や議員会議、太平洋会議などが最後のほうで顔をのぞかせています。愛橘の国際会議の多様性を思わせることがらです。

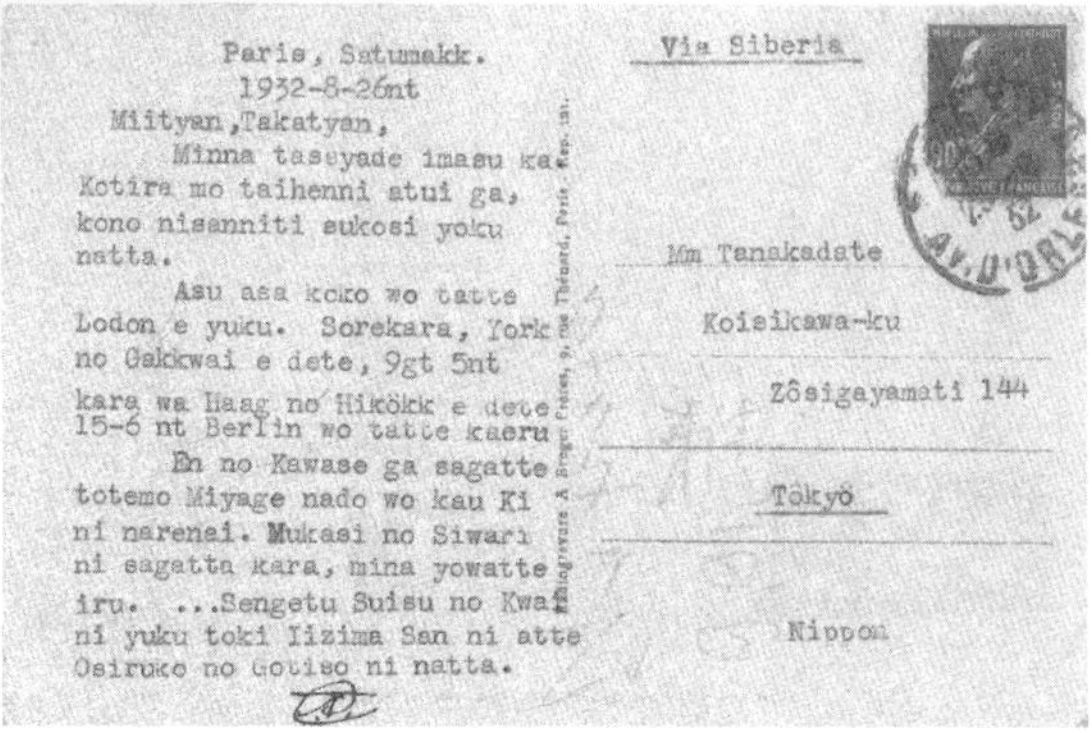

Paris, Satumakk.
1932-8-26nt
Miityan,Takatyan,
Minna taseyade imasu ka.
Kotira mo taihenni atui ga,
kono nisanniti sukosi yoku
natta.
Asu asa koko wo tatte
Lodon e yuku. Sorekara, York
no Gakkwai e dete, 9gt 5nt
kara wa Haag no Hikökk e dete
15-6 nt Berlin wo tatte kaeru
En no Kawase ga sagatte
totemo Miyage nado wo kau Ki
ni narenai. Mukasi no Siwari
ni sagatta kara, mina yowatte
iru. ...Sengetu Suisu no Kwai
ni yuku toki Iizima San ni atte
Osiruko no Gotiso ni natta.

Via Siberia

Mm Tanakadate
Koisikawa-ku
Zôsigayamati 144
Tôkyô
Nippon

ヨーロッパからの絵葉書。いくつかヨーロッパの都市の名前が出てきますから、さがしてごらんなさい。

・愛橘にとっての国際会議

愛橘が苦労したであろうと思われることをいくつかあげれば、まず、会議の分野と会議で果たす役割が多種多様であるがゆえ、ヨーロッパの各都市をめぐって会議のハシゴをする際、頭の切り替(か)えがさぞかし大変だったろうということです。宿での食事や衣服、移動手段などの確保、外務省などとの連絡もしなければならない。当然のことながら、国際会議となれば、いかなる分野であれ複数の国々の代表が集まって討議する以上、意見の対立は避けられなかったでしょう。語学力以上に厄介(やっかい)だったのが、意見の対立をいかに調整し合意にもっていくかであったと考えます。これらのなまなましい場面は、日本学士院が保管する資料から伺い知ることができます。
これらの難題をのりこえられたのは、愛橘の公明正大でわけへだてのない態度と、それに対する外国人たちの信頼、強烈な使命感、ユーモアの精神などでしょう。

いまでは国際化という言葉が日常ごくふつうに使われるようになって、愛橘が国際会議のためにひとり何役もの使命を背負ってヨーロッパをとびまわっていたころとは時代がまるでちがいます。いまのこの国際化の時代を、愛橘はわがことのようにすなおによろこぶことでしょう。いっそうふかくひろく、それが進化していくことを心から願うでしょう。

もし愛橘の国際舞台での活躍から、いまの時代が参考にできることがあるとすれば、まずは、不便な時代になんとか工夫してそれらを成功させようと全力をつくした愛橘の心意気、各種国際会議に出席して実現させたさまざまな実績だと思います。ある若い女性が私に向かってつぶやきました。「愛橘先生、メートル法のようにふだん私たちがあたりまえと思っていることの基礎を築いてくださったんですねえ」と。愛橘のような学者兼外交官はもういまは必要とされないが、心にしみる言葉です。

・人と人との交流を重視して

中村清二著『田中館愛橘先生』の国際会議についての記述を丹念に読むと、いろいろなエピソードがからまっていることがわかります。それらのエピソードを読み解くカギは、愛橘の究極の理想であった世界平和と、それを実現するための愛橘の柔軟な考え方、それにかかわる行動力であったと私は思います。

愛橘は、自分の私利私欲で行動する人間ではありませんでした。この件について一番きわだつ例は、戦時中の連合国側からの敵国ドイツに対する政策と、学術研究会議に関して愛橘のとった態度です。右にあげたカギを手がかりに愛橘のとった行動を考えてみると、実にすっきりとした解釈ができるのです。

中村清二著『田中館愛橘先生』の中に、ドイツ人フェルスターが何度も出てきます。いくら敵国の学者だからといって委員長の役職をつとめた学者をないがしろにする、無視する連合国側の態度に、愛橘はがまんならなかったのです（当時日本がドイツから直接の被害を受けていなかったという事情を考慮する必要はあると思いますが）。愛橘のやさしい思いやり、温情のこもった態度にフェルスターは涙を流さんばかりだったそうです。いくら戦争のためとはいえ孤立無援だったフェルスターの気持ちはいかばかりだったでしょう。愛橘は周りにどう思われようとかまわない。「ドイツの味方をするのか」と誤解されようと気にしない、「平気、平気」。自分だって孤立無援になるおそれがあります。国籍の壁をのりこえて自分の信念をつらぬき、戦争のためとはいえ不当な扱いを受けている学者への学者としての正当な評価をしてあげたかった愛橘。百万の敵をものともせず自分の信念をつらぬいた愛橘を私は心から尊敬し誇りに思います。愛橘の国際会議での公平無私の態度が高い評価を受け信頼されていたことの理由は、このエピソードがとてもよく説明していると思えてなりません。

もうひとつの学術研究会議にも戦争の影が色こく反映していたため、愛橘はずいぶん苦労したらしいのですが、学問の世界を戦争から守ろうと愛橘はその会議に何度も出席して奮闘しました。ひとことでいえば戦争中のドイツ排除の動きに愛橘は賛成できませんでしたが愛橘ひとりの力ではどうすることもできず、やむなく世界的にみて国際的な学術交流をつづけるために、物理学の会議をいくつかの部門にわけることを認めないわけにはいかなかったのです。

このほか、こまかいことをいくつかあげておきます。

愛橘は人と人との交流を重視し、とても大切にしました。

IT（アイティー）時代といわれる現代では、人と人との交流がむしろなおざりにされている面がありますが、愛橘はさまざまな種類の国際会議に出ると、いろいろな人脈があるために多くの問題をもちかけられました。愛橘はそれをおろそかにせずていねいに処理していきました。そのために愛橘の人望はいやが上にも高まり、その傾向が強まっていったのでした。

愛橘がヨーロッパの都市をかけまわっていると、ホテルにいろいろな連絡がはいります。「いつこっちへ来たんだ。…を見ていけ」とか、「いつ帰るんだ。時間があったら講演をたのむ」など。"KOTOSI NO TABI"（今年の旅）というローマ字書きの報告書には、こんな様子が実にいきいきと書かれています。つらいなあ、苦しいなあというボヤキは一言ももらさない。がまんしているというより、そんな状態になれっこになりあたり前になっていた愛橘にとっては、それが楽しいというところまではいかないまでも、そういうあわただしい状態が自分のつとめであり生きがいであると受けとめ、できるかぎりの努力をし、やりくりをしていた様子がうかがえます。

日本のため、日本の学問のため、日本の科学技術の発展のため——そして国際交流促進（そくしん）

のため…。愛橘はこれらのことが自分の血となり肉となっていましたから、いちいちそれを自覚していたわけではないでしょう。それが愛橘にとって自然体、ごく自然なふるまいだったのでしょう。愛橘にとってこれらのつみかさねがどれほど愛橘をしあわせにしたか、どれほどゆたかな人間にしたか、愛橘に接する人たちにどれほど多くの恩恵をもたらしたか。

国際会議が愛橘にとっていかに重要な地位を占めていたかを、あらためて考えてみないわけにはいかないのです。

・グロービッシュ（Globish）のこと（global + Englishの造語。英語を母語としない人々のために考えられた国際共通語としての平易な英語のこと）

愛橘が国際会議で使っていた英語はどんなものだったのかに私は大変興味をそそられます。愛橘は英語を書くことと話すことをはっきりわけて考えていました。書く英語には神経を使い推敲を何度もかさねました。

しかし国際会議での英語のやりとりとなるとそうはいかない。出たとこ勝負となる。相手のいったことにとっさに反応しなければならない。英語を母国語としない人間にはレベルの差がいろいろあったでしょう。

愛橘は英語を母語とする人なみの会話力をもとめず、語法や発音よりも内容を重視しました。幼いころ武道をたたきこまれた愛橘にとって、国際会議における英語によるさまざまな国籍の人々とのやりとりは、殺すか殺されるかの真剣勝負に匹敵するぐらいさしせまったものでした。自分が背負っている使命を達成するためには語法や発音のまちがいなどかまっていられないというのが愛橘の本音（ほんね）でした。

愛橘が「第二の月」と外国の学者たちに呼ばれたのは、毎年のように地球をぐるりとめぐってヨーロッパにやってくるからという理由だけではありませんでした。

愛橘の弟子の学者が追悼文のなかでも述べているように、外国人学者による愛橘への評価は高かったようです。愛橘のあげた実績そのものだけでなく、会議の進め方や人柄なども考えてのことだったのでしょう。そこにグロービッシュが登場するのです。

愛橘が東京で暮らしていたときも、ふるさとのズーズー弁を死ぬまで使い続けたことはよく知られています。私は愛橘の英語を聞いたことがありませんが、おそらくその英語にはズーズー弁なまりがまじっていて、愛橘独特（どくとく）のユーモアを一層効果的に演出したのではないかと考えられます。まさにいまのグロービッシュそのものです。愛橘の先見の明がこんなところにも読み取れます。

・愛橘が68回も国際会議に出席できた理由

交通がいまよりはるかに不便だった時代、この回数を可能にした理由はなんだったのでしょうか。複雑な理由がからまりあっていますが、私なりにその理由を愛橘の個人的側面から考えてみます。

まずあげるべき理由は、愛橘のとりくんだ分野が多岐にわたるという事実です。もし愛橘の研究分野がただひとつであったとするなら、68回という数字はありえません。主な愛橘の研究分野だけで四つもあり、そのほかにもまだいくつかの仕事にかかわっています。

つぎに指摘しておきたいのが、愛橘の強烈な使命感です。多くのわずらわしい仕事も、各分野での実績をあげんとする使命感が、それを軽減するのに役立ったのだと思います。

一九一六年（大正5年）、愛橘60歳の年、在職25年の祝賀会の席上で、退職届を出してきたばかりだといって出席者たちを仰天させました。

自由になった愛橘は解き放たれた鳥の如く、退職後の時間を国際会議にあてることができました。国際会議の出席回数が退職後に激増していることがそれをよく物語ります。天衣無縫に、思う存分国際会議に没頭できた愛橘、願ってもない老後の時間の有効な使い方でした。

愛橘が健康にめぐまれ長寿を全うしたことも国際会議出席にさいわいしました。

自宅で愛橘の健康や身の回りのことに気を遣い愛橘と頻繁に書簡のやりとりをした娘と孫の存在も愛橘を大いに力づけたことでしょう。

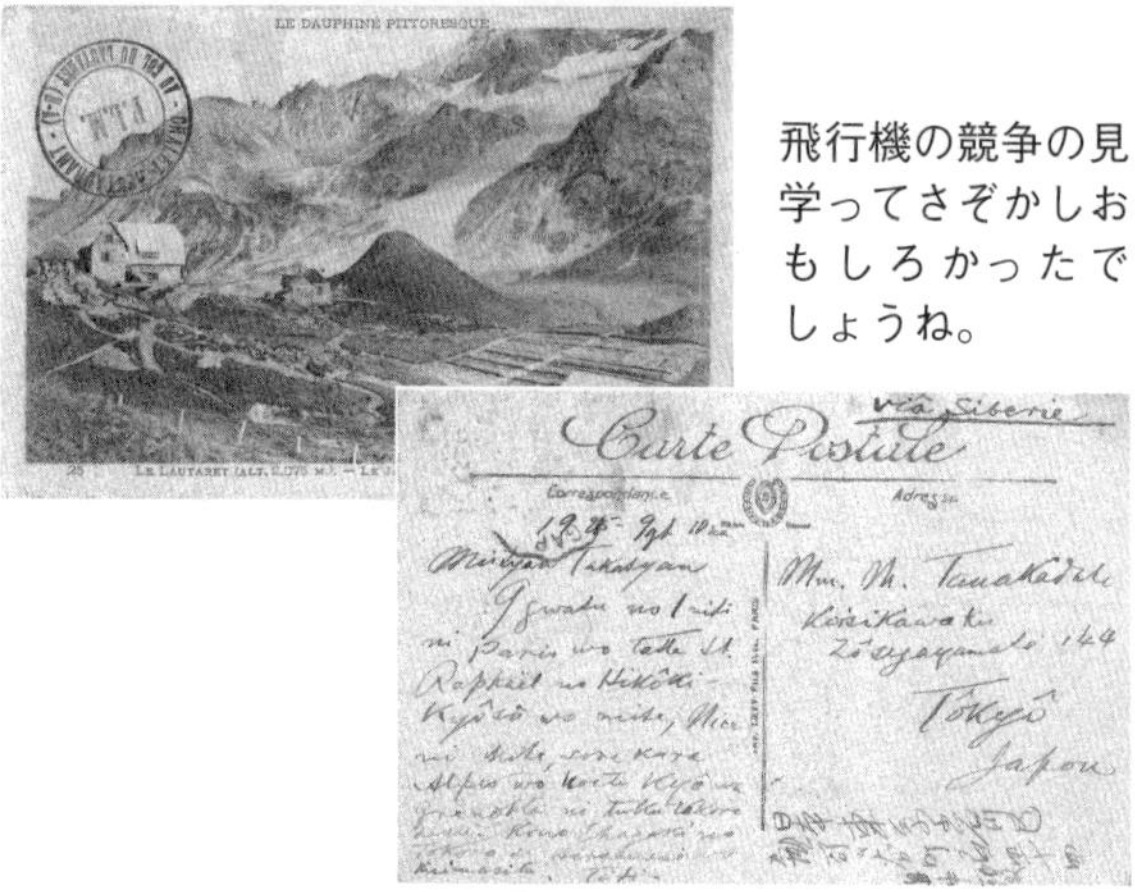

飛行機の競争の見学ってさぞかしおもしろかったでしょうね。

ロシアのオムスクは寒いと書いてあり、右下の日本という国の名前にЯПОНとロシア語を使っています。

プラハからのたより。この山で出した葉書には切手をはりわすれたと書いてあります。正直でよろしい！

6　ローマ字

愛橘の四つの分野のうち、ローマ字とのつきあいが一番長い。にもかかわらず愛橘はその成果をみることなくこの世を去りました。

このローマ字の章では、複雑なローマ字運動の歴史にはふれず、愛橘がローマ字運動にどのようにとりくみ、その究極の目標はなんであったのかを具体的な例をあげながら説明していきます。

愛橘がかかわった四つの分野のうち、一般の人に一番とっつきやすいのはこのローマ字でしょう。ところがそのわりにこのローマ字の成功率というのは私にいわせれば50％ぐらいでしょうか。

なぜかといえば、愛橘が一生を通じてめざしたのは、現在、店の看板（かんばん）や広告、チラシ、駅名や道路標識にみられるような単語のローマ字書きではなく、日本語の文章をローマ字で書くということなのです。単語をローマ字で書くことは以前にくらべてかなりひろまったといってよいでしょう。これまでまったくみられないところにローマ字書きの日本語がみられ、おどろくことがめずらしくありません。パソコンを扱うとき、いつでもローマ字を使わなければならないという状況が生み出した結果と思われます。しかし、日本語の文章をローマ字で書くという傾向がまったくみられないのはさびしいことです。

ローマ字運動をしていた人々は、私を含めてこれだけパソコンのローマ字入力がひろまれば、日本語の文章をローマ字で書く人がふえていくのではないかと期待しました。実際にはそうはなっていないのです。

ローマ字を使わなくとも、漢字、ひらがな、カタカナをくみあわせれば何不自由なく日本語が書けます。あえてそこにローマ字をもってくる必要がないのです。この意味で愛橘のめざした日本語の文章のローマ字化は、パソコン入力が普及(ふきゅう)したことによる一般国民のローマ字に対する意識がある程度高まった、理解が深まったことをプラス面と考えて、50%どまりと考えたのです。

ここでローマ字のすぐれた点をあげておきましょう。

訓令式ローマ字ではたった19文字であらゆることが書きあらわせるということです。漢字を使わずきいてわかりやすい単語を使うので理解しやすいことも強みです。外国人にとっても内容がすぐわかるし学びやすいことも大きい助けとなります。子どもにとって漢字が学習の負担となり、外国人には漢字が日本語を知る上で障害となっていることに注目した愛橘は、それらを改善するようさまざまな努力をしました。

愛橘はなぜローマ字に心をひかれ、それに打ち込むようになったのでしょうか。

愛橘は幼いころ福岡の学校で、漢字、漢文の教育を受けました。ねてもさめても漢字だらけです。それがなぜローマ字に？　と思うでしょう。今でいうカルチャーショックが愛橘の心にめばえたのです。漢字だらけの福岡から一八七二年（明治5年）、家族といっしょに東京へ出てきた愛橘は英語の勉強をはじめ、英語を書きあらわすアルファベット（それを日本語を書きあらわすために使うときローマ字ということばをこの本では使っています）の魅力にとりつかれます。

學問と日本語（上）

ローマ字書きの必要

第三回汎太平洋學術會議の思ひつき

（原文ローマ字）

理學博士　田中舘愛橘

第三回汎太平洋學術會議は大正十五年十月卅日豫定通り東京で開かれまして十一月十一日に首尾よくその終りを告げました、新聞に見えた通りすべてが円滿に運び外國ならびに國内から集つた會員に滿足を與へましたことはわが國民の上下共に喜ぶところで御座います、會議が円滿に運んだと申すことは消極的に申しますれば余りたいしたボロも出ずに豫定の日程を濟ましたことになり積極的に申せば世界の一流の學者達が研究した事柄を直接に聽いてこれ等と議論を闘はし學問上の利益と精神上の樂しみを得たことになりませうこのはじめの方に對しては誰も異論あるまいと存じます會員の集つた數からいへば豫期した以上の結果を得たとも申されませう、その終りの方に對しては見様によつていろいろの程度があることゝ存じます人によつては世界一流の學者がこれほど一所に集つたとは、はじめてゞあるなどといふのも聞きますがこれを私から見ますれば却つてひいきの引き倒しになつて人を誤らしめる嫌ひがないかと心配します、一流の學者と何を定規にしてきめるかといふことは、もとより出來かねます、新聞雜誌などでさかんにもてはやされるものをそれと見る人もありませうしまた世間では何の音沙汰も聞かないものでもその道の人から非常に重く認められる人もありませう、誰が見ても確かな人は此處に集つた會員が總て一流の學者とばかりはいへますまい、ある人は一流の學者といつてよいのはまづ會員の一割以内であらうと申しますがその以内にもまた多少の開きがありませう

合衆國の眞面目な態度

この汎太平洋學術會議で余り他に例のないことは、これに加はる國々の代表者に相當の旅費を贈ることであります、これは第一回にも第二回にも例があつたので、われ〲も國の大小に應じてそれ〲贈つた、してアメリカ合衆國は國も廣く學者の數も多いから七人分の旅費を贈りました、しかるに合衆國の學術研究會議においてはなるべく多くの適當な學者を送らうとつとめたが正しくその代表として出すにふさはしい者は三人より得られないによつて折角ではあるがそれだけ返して來ました、しかして合衆國が送つた總ての會員を勘定すればこの廿一倍余り即ち六十五人になります、旅費を受けないから一流の學者でないとはむろん申しませんし、また國によつては僅に二、三人ではあるが立派な學者を送つたところもありまた學者は一人も出さずたゞ事務官だけを送つたところもあるから、單に上の割合だけで目安に致す積りは毛頭御座いません、たゞ合衆國の如何にも眞面目なる態度を御紹介致したいのであります

日本人の誠意に滿足

この會に出されました論文の數は四百五十余ありましてそれ〲の專門に亘つて研究したもので御座います、一つの問題でも多くの專門にわたつて論じたものもありました專門の中の專門ともいふやうな特別のところを深く論じたものもありましたがその大部分はすでに發表してあつたものをかき集めたもので御座いました、之等の論文は物理に關係したものと生物に關係したものとの二つの部に分けました、してその各の部についてさらに多くの分科に分けてそれ〲の會議を開きました、別に聯合會議といふのを二度開きまして物理にも生物にも跨がる問題を議したのでありますがこれ等は事務の手續きを相談するのが主で御座いました、これからこれ等の會議の様子を申します前に忘れずに今度の會議でまことに悦ばしかつたことを申して置きとう御座います、それは外國から來た人達はいづれも日本人の誠意あるもてなし方に滿足して國へ歸られたとで、これによつて國々の間の親みを増す助けにもなつたらうと思ふことで御座います、勿論學者は學者、學會は學會として働くのは當たり前のことで徒らに親睦のみを目當てとして學問をそつちのけにするやうなことがあつては却て本當の親睦を計る道にそむくのでありますが、眞劍に學問のために會議した自然の副産物としてさうなつたことを喜ぶものであります、互に腹藏なき意見を取り代してはじめて眞の學問も親睦も進められるのであります、會議の事務の運び方にもお客の取扱ひ方にも不行屆きなところがずゐぶんあつたと思はれますがそれにも拘らずよくわれ〲の意のあるところを汲み取つてこれを補ひ助けて滿足に會議を終らしめたことは偏に會員諸君一同の御同情によつたことで、これに對して私は催し手の一人として深く感謝するもので御座います、さらにわが國の政府筋の人々をはじめ實業界の重立つた人々が大方の紳士諸君も皆國の責任と思つてこの會議を助けられたとは永く忘れ難い喜びを殘すもので御座います

太平洋の研究は世界的

これより會議の中味たる論文討論の様子を少しばかり申します、論文に味はひの深いものはどう致しても分科會に多いやうで御座いました、私は專門の物理の方にだけ出まして生物の方はとんと存じません、これはその方のかたに御聞き下さるやうに願ひます、物理の方では大別けに致しまして氣象、火山、地震、ラヂオ、即ち無線電信等で御座いましたが殊に太平洋沿岸の地震が賑ひました、これは地震そのものゝ研究と耐震家屋の造り方について會議を致しましたがアメリカで大層な金をかけて實驗した結果を聞き又こちらで廿年も前に研究したことなどまで持ち出して議論しました、無線電信にも中々面白い論文が出ましたが何分時間が足りないのと言葉が英語を主なものとされたゝめに十分に意見を鬪はすほどの出來なかつたのは頗る殘念に感じました、四百五十余の論文を一週間足らずに片づけるのですからやむを得ない次第で御座います、係の方々が論文の中味を調べて十分とか五分とか時間を限つてあらましを述べさせるのですから日程をつくる委員は隨分骨が折れたのであります、討論といつても三つ四つの似よつたものをしてから引くるめて意見を述べさせるのですから前以つてよくそのあらましを讀んでおかなければ中々出來ないのであります、所がこの論文のあらまし書きがその日の朝になつて受取るのですから意見を述べたいものには隨分窮屈でした、どうかこれからはせめて一日位前に讀んで見られるやうにしたいもので御座います、それには論文の整理に金をかけなければならないとは勿論です、さらに後のことをいつて見ますれば太平洋といつたところでつまりこの小さな地球の一部分に過ぎないのですからこれを本當に研究するにはどうしてもそれの研究者を廣く世界の各國から寄り合ふやうにしなくてはなりません、太平洋に關係しない國の人で今度來られたのはスエーデンの植物學者スコッツバーグ博士たつた一人だけでした、地震のゆすぶりにしても電波の傳りにしても太平洋から出て世界中に廣がるのもまた他から出て太平洋に來るのもあります、一體學者は月の世界でも星の世界でも研究するものはみなこれをわが物と思つて研究してゐる世の中に太平洋だけそれに關係した國のものばかりの獨り舞台と思つてゐるわけに行きますまい

國語國字整理の必要

では御座いますが今度の會議の成功の一つに算へてよからうと思ひますことは、われ〲のやつてゐる研究が外國の會員達に知られたことで御座います、御承知の如く日本の國語が吾々の望む程に世界に知られてをりませぬ爲に日本語で書いたものが世界の學者に讀まれないとがこれの原因であります加ふるにこれを書く文字として通例漢字と假名を使つてゐることがさらに大きな妨げとなつてをりますことは申すまでも御座いません漢字それ自らがすでにむつかしいのにその使ひ分けが全く間に合せのあて字を書いていろ〲の勝手な讀み方をさせるのですから日本人でさへこれをしつかり學ぶの非常な苦しみですもの、これでいたものを世界の人に讀ませよといふのは全く無理な注文で、大國民としてその國語で書い

新聞記事になった漢字かなによるローマ字論（昭和2年）

ローマ字教育の必要を痛論

田中舘博士の質問

貴族院議事（五日夕刊續）

田中舘氏は英米政府の航空研究の實際を詳述した後文相に對し

田中舘愛橘氏（純無所屬） 文部省内の航空協議會の如きはその研究の題目にさへ困つてゐるといふ貧弱さであると聞いてゐるが如何

と詰り更に轉じて敎育問題に入つたが議場緊張味を失ひ多額議員中にはいゝ氣持で眠つてゐる者もある、田中舘氏構はず

漢字及び假名文字は遠き將來においても我國の國字と見做すか次に政府は義務敎育の現狀を以て滿足するか、法律は官報で發表されるが故に官報は小學卒業生でも讀むことが出來なければならぬ、然るに現狀では大學卒業者でさへ完全に讀むことが出來ない、文字に制限を附して敎育した結果官報が讀めないやうでは政府は國民を迷はすものである（と一段と力を入れて）今日の世界の大勢に鑑みローマ字を國民敎育中に入れる必要はないか

ローマ字の投票は衆議院議員の選擧に有效である、この前の選擧でも二百六票のローマ字投票があつた、かくなつた以上は國民の義務を滿足に行ふにはローマ字敎育が必要である、能率增進、節約は必ずしも金錢や物品に限らず文字の如きは大いに必要がある、尙ローマ字の用ひ方に就ては國語の性質に従つて日本語本位とした樣式を用ひたい

とて約一時間半にわたる長廣舌を振つて降壇

片岡商相 度量衡改正法の實行が緩慢に流れてゐないかといはれるが斷じて左樣な事はない、先づ官廳、工場など實施上比較的容易なところには十ヶ年間の余裕を以てメートル法を採用する事にし又一般についてはどうしても度量衡の換算を困難とする人間が多いから各種の方法を以てメートル法に接近せしむるやうに努めてゐる、關稅率改正に際し「斤」を用ひたのは在來の慣習上已むを得ない

岡田文相 航空機の基礎的研究については當局も最も力を入れねばならぬと信じてゐる、航空協議會が題目に困つて遞信省に問題を貰ひに行つたといふやうな事實はない、寧ろ重要な研究を進めて世界的に發表することになつてゐる、次にローマ字については今直に之を採用する譯には行かぬ、この問題のために義務敎育を延長することも出來ぬと思ふ、國民敎育にローマ字を用ひるといふとについては事情が許せばとにかく今日では當局として意見を決しかねてゐる、國民の義務を果すためにローマ字を必要とするとは認めるが今日漢字さへ讀めないものを投票立會人とすることがある、ローマ字の用法については私個人としては日本式を妥當と思ふ

安達遞相 航空機關の統一聯絡については私も最初その必要を認めたのであるがその後故加藤首相の意見もあり機關の統一を行ふ事なく聯絡だけを完全に行ふやうになつたのである

田中舘氏（自席から） ローマ字を用ひるとは小學生の負擔を增すといはれるが敎育に要する時間並に勞力は實に僅少なものである

岡田文相 ローマ字を強制的に小學校で敎へるのは考へ物だと思ふたゞ隨意課目として郡會その他で隨意に敎へるのは現在でも許してをる所で何等差支ない

と答へ午後三時半散會

貴族院における愛橘に関する記事（年月日不明）

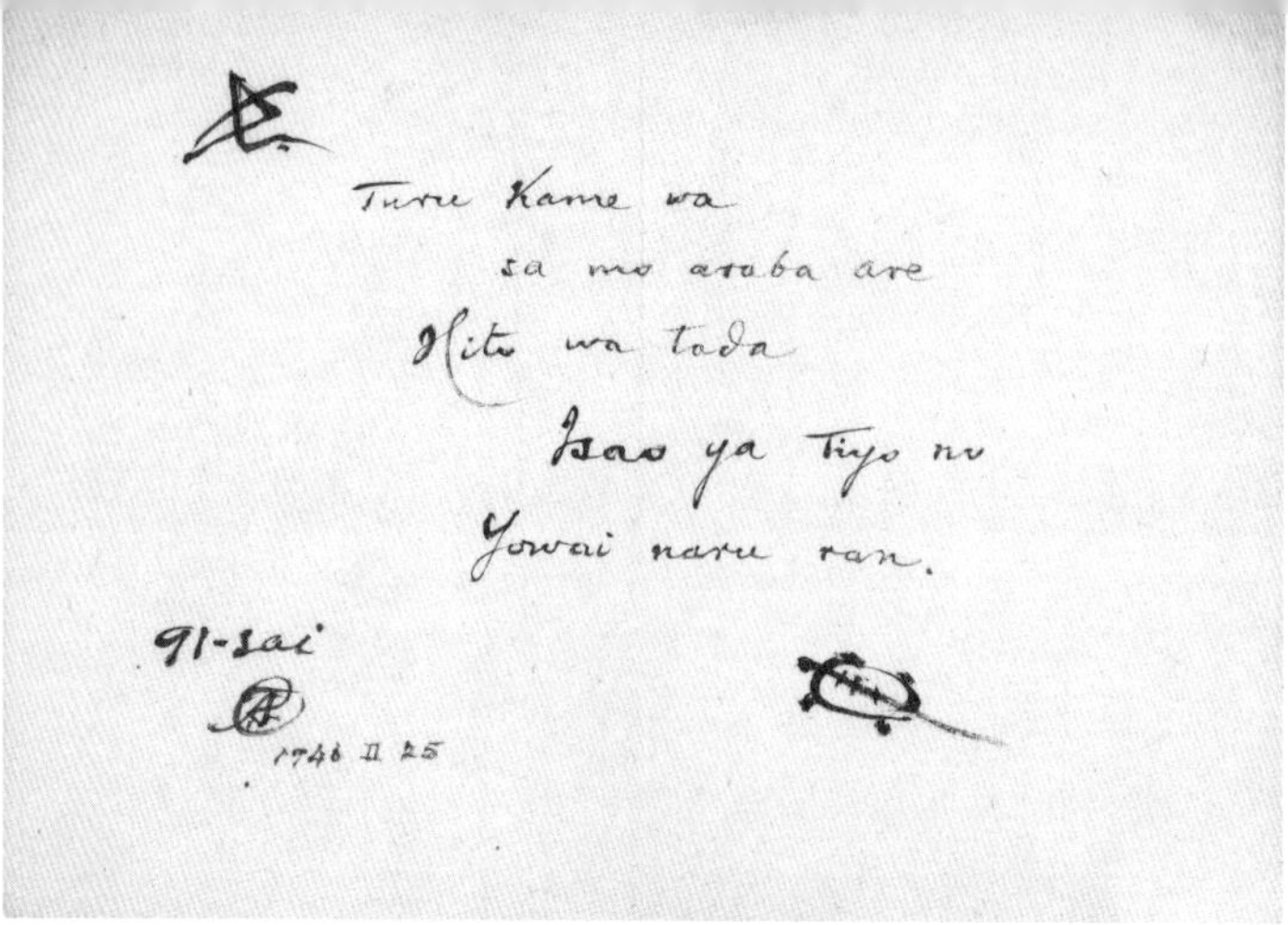

90歳になったことをみずから祝う長寿をうたった歌

・愛橘のローマ字運動

愛橘のローマ字運動はその範囲がひろくその期間も長かったのです。

ローマ字団体の代表をつとめながらその会議や集会などの催しには積極的に参加してローマ字運動をおしすすめる一方、他の有力な人たちと協力して駅名表示のローマ字書きについて要望書を提出したり、自分の提唱する日本式ローマ字に便利な文字列のタイプライターを、学者と協力して外国の業者に作らせ、日本で販売したこともあります。

ローマ字のことになると相手がだれであろうとその説明に熱心だった愛橘は、講演や演説などでもこのテーマをとりあげ、パンフレットにして日本国内や外国でもくばりました。ローマ字原稿を書いてローマ字雑誌に何回ものせるだけでなくその他の雑誌などにもその主張をのせて読んでもらうようつとめました。

他の章でもとりあげたローマ字和歌は運動としてはやや特殊ですが、それを筆で表現するのは一般の人にはさらにむずかしかったでしょう。見方をかえれば、たとえそうであったとしてもそれは愛橘にとって文字のあたらしい可能性を追求するチャレンジだったと考えることもできます。


そのほか、学士院代表として貴族院議員になってから貴族院でローマ字問題をとりあげ、それが貴族院の名物になったともいわれています。外国でひらかれる国際会議も愛橘にとってはローマ字論を展開するにふさわしい舞台でした。愛橘にとっては、とにかく国の内外を問わず機会さえあればローマ字をひろめる場を最大限に活用したといってよいと思います。

私はある地ビールのチラシに、OH!LA!HOというローマ字（といっていいか迷いますが）をみつけました。オラホというのは長野方言だそうです（二戸方言でもあります）。そして、「雷電」という日本人の名前を、正規のローマ字でなくRYDEENというつづりであ

Bière De Rydeen
ABV:5.0%

■ビエール・ド・雷電

●季節仕込みビール
「春・夏・秋・冬」四季折々、その季節におすすめのスタイルを仕込み提供します。

旬の素材をこのビールでお楽しみ頂きたいとの思いが「季節仕込みビール」のテーマです。

冬仕込み「ポーター」

らわしています。フランス語といっしょにつかっているのでフランス語風のつもりなのでしょうか。私はこのつづりを、その地ビールといっしょにストンと胸の中にごく自然にのみこみました。これはむしろ日本人が考えたローマ字の傑作（けっさく）と考えてもいいでしょう。なにも目くじら立てることはないのです。漢字やカタカナでは表現しにくいことばを、ローマ字をくみあわせてつくり出す——たのしいではありませんか。

愛橘がすきだった遊び心をローマ字に、というわけです。

愛橘はこの私の文章を読んでなんというでしょう。こんなのは正しいローマ字じゃないからダメだ！　と怒り出すでしょうか。それどころか今のこの国際化時代に国際交流があたりまえになっている現状をふまえて愛橘は、ＯＨ！ＬＡ！ＨＯのローマ字はこういかなくちゃと笑って受けとめるでしょうね。だって愛橘自身が国際会議で話していた英語にしても完全なものではなく日本語なまり、東北弁なまりがまじっていたでしょうから。

考え方を変えればそれだけ日本語の可能性をひろげる、多くの人がローマ字に興味を持つきっかけになるかもしれないのです。

・Aikituのローマ字の和歌

まずは旅をテーマにしたものをいくつか紹介します。

・Yukedo yukedo Yama yosi Umi mo yosi Ibusen no Kuni Aaberu no Kuni wa.
（ノルウェーにて、一九二四年）

・Aka, Siro no Tuwamonodomo ga Yume no Ato Natugusa aosi Siberiya no Hara.
（まんちゅうりにて、一九二七年）

・Tatinoboru Vesubu-no-Yama no Kemuri sae Kokoro nodokeki Itaria no Sora.
（ナポリにて、一九二七年）

・Uta yomite Taipuraitâ utioreba itu no mani kosi Irukutuku-eki.
（イルクーツク駅にて、一九二九年）

・*Berlin* ni yadokaru yorimo yasurakani Yume musubi yuku garaakino Kisya.
（ベルリンにて、一九二九年）

鉄道のことを多く詠んだ啄木の次の歌を思い出します。

さいはての驛に下りたち〝雪あかり〟さびしき町にあゆみ入りにき

- Itu kitemo Suisu no Kuni wa Midu kiyoku Yama siduka nari kokoti yoki Kuni.

（汽車の中から、一九三〇年）

ローマ字そのものを詠んだものもあります。

- Rômazi no Humi yomi oreba Totukuni no Hate made Haru no Kokoti koso sure.　（一九二五年）
- Sikisima no Hana no Tayori wo Totukuni no Hate made okuru Rômazi no Humi.
- Rômazi no Humi ni utusite Sikisima no Yamatogokoro mo misebaya na iza.
- Kara Yamato Totukuni mademo onogazisi Kokoro no mama wo utusu Rômazi.

（以上3首、一九二九年）

大和（やまと）ことばを好んで使った和歌の例

Otomeyama, Yuki no Koromo ya kayoikosi Kyô no Yûkaze, Hadae suzusi mo.　（一九二八年）

Otomeyama（乙女山（おとめやま））とはユングフラウという外国の山の名を大和ことばに訳したもの

です。

ユーモアあふれる和歌もあります。

・Urarato Uraru no Yama wo wa ga yukeba, Usi mo Hituzi mo Hito mo uraura.　（一九二五年）

・Hana yorimo Dango to iedo Dango niwa kuiakire-domo Hana wa miakazi.

（向島百花園で　一九二八年）

・Yagate kuru Aki morotomoni kinô-kyô waga Hutokoro mo samuku omohoyu.

（外国のホテルで　一九二九年）

すこしむずかしいものもありますが、大体の意味はわかると思います。辞書で調べたり先生に質問するのもいいでしょう。これらの和歌の中の名詞は文のはじめでなくても大文字で始まっています。当時のローマ字の書きかたに従（したが）っているのです。

7　学士院における活動

愛橋は一九〇六年（明治39年）から没した一九五二年（昭和27年）まで、足かけ47年間、帝国学士院会員（のちの日本学士院会員）を務めました。愛橋は明治12年創立の東京学士会院から一九〇六年（明治39年）の帝国学士院への改組にともなう定員増がはかられた際、第二部（自然科学分野）の会員に推選され勅旨により会員を仰せつけられました。

愛橋は、亡くなる直前の一九五二年（昭和27年）5月13日開催の第四五九回総会までに開催された四五八回の総会のうち、三四七回に出席し出席率は76％でした。これらの会議で、愛橋は研究報告に対する質問をしたり会員選考の手続きなどについて積極的に発言していました。一九四〇年（昭和15年）に愛橋は第二部部長に選ばれ一九四五年（昭和20年）まで2期6年務めました。第二部部会の議長を務めるだけでなく、院長、幹事、第一部部長とともに役員とよばれ、役員会を構成して重要事項を相談するのです。

一九一〇年（明治43年）創設の学士院の授賞制度は、現在まで一度もとぎれることなく続けられています。選考は会員が行なうことになっているため、愛橋も選考に関わったはずです。また、愛橘が大学在学中に指導を受けたアメリカ人教師メンデンホールの遺言により設けられたメンデンホール記念賞の創設に大きな役割を果たしました。この賞は戦後中止されています。

一九一五年（大正４年）、愛橘はX線とその利用についての研究で、補助金を受けています。

学士院の主な活動のひとつが、会員や会員以外の研究者の論文提出や紹介です。愛橘は一九〇九年（明治42年）に報告を行ない、一九一四年（大正３年）には論文を講述しています。

愛橘は会員ではない研究者の21の論文を紹介していますが、その中にはのちに学士院賞を受賞したり、その研究者がのちに学士院会員となるといった例もみられます。愛橘の黒子の面目躍如という表現がぴったりです。

第一次世界大戦も終りに近い一九一八年（大正７年）、日本をふくむ連合国のアカデミーは、万国学士院連合会を脱退して万国学術研究会議を組織しました。ロンドンにおけるその創立会議に愛橘ほか会員１名が学士院代表として出席しています。一九一九年（大正８年）のブリュッセルにおける同会議には、愛橘ほか会員１名が代表の委嘱を受け出席しましたが、愛橘はこの時開催された地磁気・空中電気国際会議の議長に選出されています。これらの国際会議についてくわしい報告書を提出するとともに、帰国したあとの一九二〇年（大正9年）の学士院総会で大まかな内容を報告しています。国際会議出席68回の愛橘にとっては、こうした学士院のための仕事にも大いにはりあいを感じて、誠心誠意それに打ち込んだはずです。

一九二〇年（大正9年）の学士院総会において、万国学術研究会議の下部組織として設けられた測地学・地球物理学国際会議への日本からの委員を選出することになり、愛橘は測地学と地磁気・空中電気のふたつの部門の委員にえらばれています。愛橘は日本の学術研究会議の副会長を一九二五年（大正14年）から一九三九年（昭和14年）まで、会長は一九三九年（昭和14年）から一九四〇年（昭和15年）まで務めています。

一九二六年（大正15年）に貴族院に帝国学士院会員議員が設けられ、第一部と第二部からそれぞれ2名が貴族院の議席を占めることになり、愛橘はその議員として3期務め、その発言記録が63回あります。

戦後、学術体制の刷新がはかられ、学士院の改革が検討されたときに、一九四八年（昭和23年）2月12日付けで、愛橘は日本学士院の将来の組織改善の方針を記した意見書を提出しています。

また、愛橘は一九四六年（昭和21年）11月12日の第四〇〇回総会において、会員一同からの満90歳になった会員への祝辞を受けています。

愛橘が一九五二年（昭和27年）5月21日に逝去すると、5月26日に東京大学の大講堂において日本学士院葬が執り行なわれましたが、これは学士院の歴史上はじめてのことでした。

最後になりましたが、うれしいニュースをひとつ。日本学士院はその広報誌『日本学士院ニュースレター』で、二〇一三年（平成25年）4月号から「『学問の山なみ』から―歴史をつくった会員―」と題して、歴代の学士院会員を紹介するレポートを始めました。その第一回に愛橘の恩師である山川健次郎と愛橘が取りあげられています。その理由を、明治初期の欧米から学術を学ぶ時代から明治後期の世界に並ぶ研究成果が生まれる時代への節目にいた象徴的な科学者だからと説明していますが、愛橘の項目では、その写真と共に略歴と学士院での活躍ぶりが記されています。

（以上の項目は、学士院職員の竹内基樹氏の田中舘愛橘研究会会誌『Aikitu』第三号（二〇一三年刊）所収の「学士院における田中舘愛橘」をもとにまとめたものです。竹内氏に校閲をしていただきました。ありがとうございました。）

第三章　田中舘愛橘　未来へのかけ橋

亡くなった直後の遺族の写真。学生服が著者

1　愛橘ゆかりの地をたずねて

私はこれまで、東京都内の愛橘ゆかりの場所を案内するツアーを5回実施してきました。いろいろな団体や中学生などの案内なので、重点のおき方は多少ちがう部分もありましたが、参加して下さった方たちは皆さんとても熱心で、質問も本質をつくものなど鋭いものがあり感心させられました。

愛橘のゆかりの場所を考える際、なんといっても東京大学本郷キャンパスを中心にすえないわけにはいきません。愛橘が大学時代をすごし、そのあとも教授などの肩書（かたがき）で教育に専念（せんねん）した場所だからです。

一八七二年（明治5年）に上京してからは、住所が一定ではありませんでしたが、留学から日本へ帰ったあと、外国人教師から洋風建築の家をゆずりうけてそこに住まいをかまえ、そこから大学の教室へ講義（こうぎ）をしに出かけるようになりました。このキャンパスにはその住まいのあった場所（現在の弥生（やよい）の農学部キャンパスのあたり）、愛橘ゆかりの地震研究所、風洞室（ふうどうしつ）などがあります。（飛行機をとばすために必要な気流の研究をするための場

12月1日　東大・最終講演日

全６回の特別講演最終日、科学研究への情熱
と喜びを新たにした人びとに別れを告げる。

東京帝国大学での最終講演を終えて――構内での記念撮影。最終講演には東大の講堂に日本学界を代表する学者陣、未来の科学者たちが入り交じり、相対性理論創始者みずからの声に固唾を飲んで聞き入った。

（写真提供：荒木雄豪）

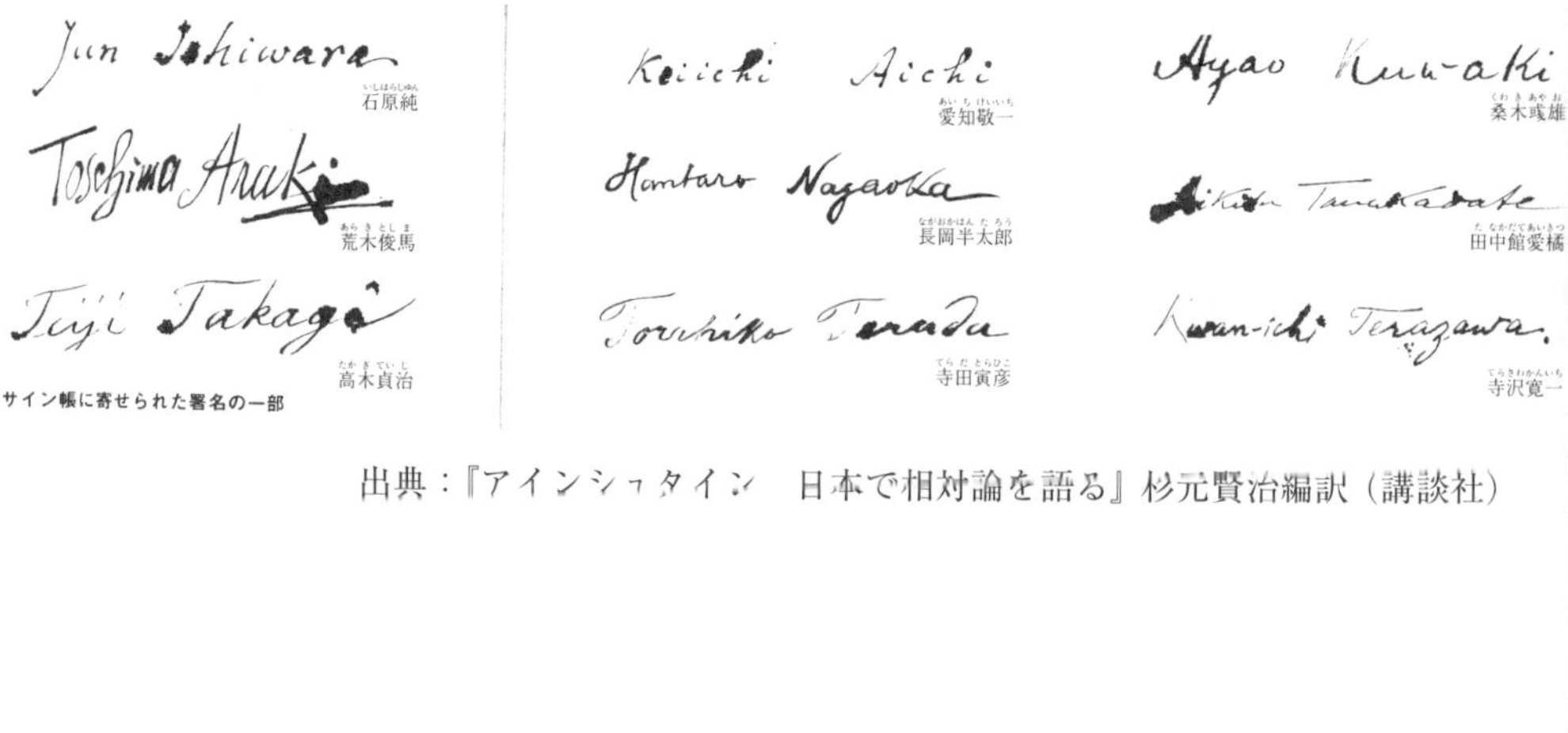

サイン帳に寄せられた署名の一部

出典：『アインシュタイン　日本で相対論を語る』杉元賢治編訳（講談社）

11月20日　学士院歓迎会

小石川（こいしかわ）植物園で帝国学士院主催のアインシュタイン歓迎会が12時半より開催。菊花壇や紅葉を楽しむ。

錚々（そうそう）たる学者陣がお出迎え——長岡半太郎（ながおかはんたろう）、田中舘愛橘（たなかだてあいきつ）、穂積陳重（ほづみのぶしげ）、北里柴三郎（きたざとしばさぶろう）、三浦謹之助（みうらきんのすけ）、井上哲次郎（いのうえてつじろう）、田島稲次郎（たじまいねじろう）、岡野敬次郎（おかのけいじろう）法相ら約40人が出席し、アインシュタインの功績を賞賛した。

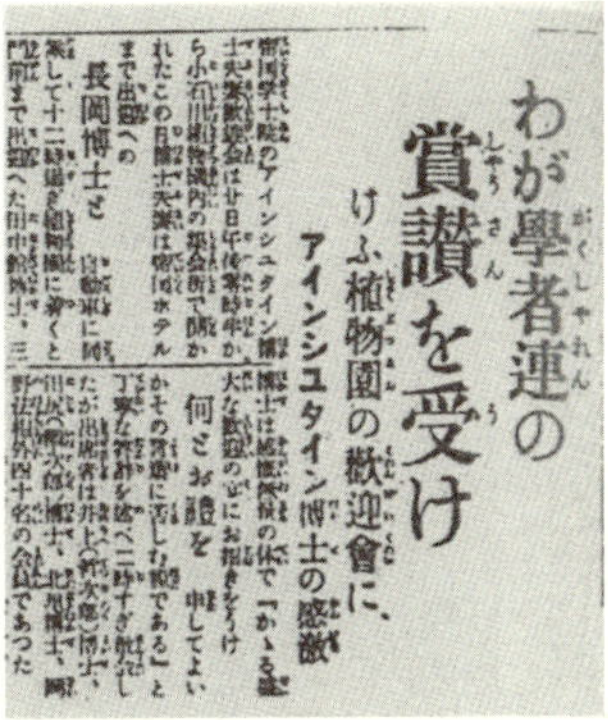

わが學者連の賞讃を受け

けふ植物園の歡迎會に、

アインシュタイン博士の感激

長岡博士さ

何さお禮を申してよい

（大正11年11月21日付報知新聞）

小石川植物園にて帝国学士院会員とともに

夫妻は宿泊先の帝国ホテルから歓迎会場へ

所。ただし本郷キャンパスのこの風洞室は愛橘が使ったものではなく、愛橘の使った風洞室は現在の東大駒場キャンパスの中にありました。今もその建物は残っています）。本郷キャンパスの風洞室は近代的なたてものが立ち並ぶその片隅にひっそりとたたずむ、やや場ちがいな感じのする古ぼけた建物です。そしてニュートン祭の行なわれていた山上会館。今のたてものは立派な近代的なつくりで昔の面影はまったくありません。最後が学士院葬のおこなわれた安田講堂です。ここは大学紛争時代に学生運動家たちが立てこもり、警官隊と激戦をまじえた場所として有名です。

これらのほか、二〇一五年4月8日のツアーで偶然みつけた工学部の校舎の中の愛橘たちの写真も一見の価値があります。すぐ近くの不忍池で明治42年に成功した日本の初飛行を記念する当時の飛行機の模型が天井からつるしてあり、そのときの当時の関係者の写真、すなわちフランス人のル・プリウール、相原四郎、そして愛橘です。まさかこんなところにこんなものが……とびっくりしながら感激しました。東大が過去の歴史を忘れず若い学生たちが集う部屋にこのような顕彰の物品や写真をかかげて下さるとは……と胸があつくなりました。

さて、東大を出ると坂の下に今のべた不忍池があります。当時飛行機をとばした広いスペースは残っておらず、当時のことは想像するしかありませんが、当時一高の校長だった同じ岩手県人の新渡戸稲造博士と愛橘が、この快挙（かいきょ）についてことばをかわしたなんて……考えただけでも胸がおどりますね。

地震研究所のすこし先に清林寺（せいりんじ）というお寺があります。ここにはローマ字運動に熱心だった土岐善麿（ときぜんまろ）など数人の方々のローマ字書きのお墓があります。全国でもめずらしいお寺です。

お寺からさらに足をのばすと歴史の古い小石川植物園があります。大正5年、愛橘在職25年を祝う祝賀会が催（もよお）された場所です。

もうひとつ大事なことは、ここで大正11年に日本をおとずれたアインシュタイン博士を歓迎する会がひらかれた会場だったということです。日本の学者さんたちといっしょに出席した愛橘はアインシュタインの近くにすわりうれしそうです。国際連盟知的委員会の委員だったアインシュタイン博士と愛橘は、いずれジュネーブで同じ委員として机をならべることになります。

これら二つの催しがおこなわれた場所が、今の植物園のどのあたりだったかは推測するほかありませんが、当時の植物園の雰囲気（ふんいき）がほとんど変化していないのではないかと想像してみるのも楽しいではありませんか。

そこからすこし西の方に移動し、植物園の近くに私が生まれてから戦災にあうまでの少年期、愛橋とくらした家のあった場所があります。護国寺や講談社のある通りをあとに坂をのぼった閑静な雑司ヶ谷の住宅地です。

当時の建物はいっさい残っていませんが、当時を偲ぶよすがになる雰囲気がただよっています。私の生まれた東大の病院の分院のあった場所はさら地になっていますが、その前に私が通った美登里幼稚園が、まだ名前をそのままにたたずんでいます。私が自宅から幼稚園まで通ったせまい道も、ほぼ当時のまま残されています。私にとってはほんとにかけがえのない場所です。そこからバスで数分のところにＪＲ目白駅があります。ある日、電車が大好きだったこどもの私をつれて母が山手線の電車にのりこみます。山手線を一周して目白駅で私の手をひいて母がおりようとしたら、なんと私は母の着物のそでをひっぱり「また、また」といっておりようとしなかったそうです。もう一周乗りたいとダダをこねたのです。私の鉄道ずきは今もつづいています。

そのほかツアーで案内したところを紹介しておきましょう。

東からはじめるとなると、まずはＪＲ浅草橋駅近くの隅田川にかかる両国橋でしょう。

この橋まで陸路と水路を経由して岩手の山村福岡からやっと明治5年一家をあげてたどりついた愛橘、ここで船をおりて両国橋のたもとの東京の地をはじめてふみしめたときの愛橘の感慨はいかばかりだったでしょう。よろこびと期待、不安とおそれ——さまざまな感情がごちゃまぜにまじりあった状態だったでしょう。

愛橘の東京での生活がはじまるその第一歩はここからだったのです。そしてその橋のすこし上流に向島百花園があります。こじんまりしたたたずまいのこの庭園では、季節によってさまざまな花が咲きそい、ゆったりとした時間の流れを楽しむことができます。

愛橘はこの庭園をこよなく愛し、何度も足をはこんでは和歌を詠んだり楽焼づくりに精を出しました。今のこの百花園は当時とほとんど変わっていないと思われます。

そして最後が経堂の終焉の地です。これまでのべた都内の場所から経堂へ向かう途中に東大駒場キャンパスがあります。経堂という終焉の地ほど、愛橘の生きていたころと変化してしまっているところはすくないといってよいでしょう。以前私たちの住んでいた家を知っている人たちは、その変化の大きさにがくぜんとします。

地上を走っていた小田急線の線路のすぐとなりにあった庭と平屋の木造の家、それを知らない人は、よほど想像力をはたらかせないと今高架線となっている小田急線の線路の真下にあったその家をイメージすることはかなりむずかしいでしょう。固定観念にとらわれずに、あたらしい見学場所が見つかったらそれをツアーの中に加えていくのもよいと思います。

啄木の歌碑と資料展示館もその候補です。

埼玉県所沢市の航空発祥記念館は東京からややはなれていますが、二階に愛橘の写真がかざられ、日本の航空の発達を知るための展示はじっくり見学する価値があります。

所沢の飛行場は今はありませんが、日本の航空の歴史に深くかかわった場所として貴重な存在でしたし、愛橘もその設立のために自転車をのりまわすなど懸命の努力を惜しみませんでした。

2　国立科学博物館の愛橘展示

二〇一二年が愛橘が死んで60年にあたるため、東京上野にある科学博物館でその年の5月から6月にかけてほぼ1か月間、「日本物理学の祖　田中舘愛橘」という企画展をしていただきました。準備の段階から科学博物館の係の方と何度も打ち合わせをしました。

その展示をいくつかのセクションにわけて何を展示するかについてこまかく検討を加えていきました。写真、実物は私自身が所有しているものが中心となりましたが、二戸市シビックセンターのご協力も得ました。年表は博物館の方に作っていただきました。

展示物の説明文のほとんどは私が書きました。本番になってからは1日おきに会場へ足を運び、来場者のご質問などに答えました。この展示を見においで下さった方は四〇〇〇人位だったと推定されます。なかなかするどい質問をされたこともあり、みなさん大変満足されて帰られたようで私自身大変うれしく思いました。

なお期間中の5月27日に科学博物館の講堂で記念シンポジウムが開催されました。前半は私がひ孫の立場から愛橘像を描き、後半のシンポジウムに出席していただいた地球物理

開催された愛橘の企画展示風景

愛橘没後60年の2012年に科学博物館で

学、航空、度量衡（どりょうこう）の各専門家の方がたから愛橘のそれぞれの分野の貢献（こうけん）について説明していただきました。そのあと司会を私がつとめ、愛橘の功績がこれからどのように生かしていけるかについて話し合いました。

3　愛橋終焉の地、経堂

愛橋の生誕の地、岩手県二戸市については私自身これまでいろいろな活動をしたり地元の人たちと交流をしてきましたが、愛橋が死んだ場所・東京都世田谷区経堂については最近までほとんど関心がありませんでした。しかし物事はどんなことがきっかけで動き出すかわからない、ということをしみじみ感じているところです。

私は経堂に終戦直後の昭和20年秋から昭和50年春まで住んでいました。30年弱住んでいたことになります。おととし平成25年12月に長年住みなれた神奈川県川崎市から経堂へひっこしてきました。そのあとびっくりすることがつぎつぎおこりました。

ひっこししてしばらくすると、ある見知らぬ男性が私の住んでいる施設にやってきました。何ごとかといぶかしく思いながらその人に会いました。自己紹介のあと、その人は私に愛橋の講演をしてほしいというのです。とまどいながらも私はすぐひきうけました。

ひっこして約半年後にその講演が実現し、その3か月後に2回目の講演です。さらに平成27年の4月には、愛橋ゆかりの地をめぐる東京ツアーのガイド役をつとめることになったのです。ひっこして1年半もたたないうちに愛橘終焉の地で愛橘に関する催しを3回もさせていただくなんて、まったく予想していませんでした。ただただおどろきと感謝と感激のみです。

私が、ある人間の終焉の地というものが何を意味するのかを深く考えるようになったのは、いうまでもなくひっこしのあとの愛橘の終焉の地・経堂で、右にのべたことをふくめてさまざまな動きがきっかけになっていることはいうまでもありません。三つの催しが終ったらそれでおしまいではなかったのです。私の講演を聞いて下さった人たちを中心に愛橘顕彰（けんしょう）の動きが芽ばえてきたのです。愛橘が死んだ場所に、ここにこんな人が住んでいていつ死んだのかを示す石碑をたてようという運動です。いろいろしらべてみますと、石川啄木の石碑だけで全国に一七七もあることがわかりました。

顕彰（けんしょう）のかたちはさまざまあり、単に石碑にその人が生きているうちにやったことを説明しただけのものから、銅像（どうぞう）や歌碑（かひ）を含むもの、さらに関係資料を展示した施設を伴（ともな）うものなどがあります。

つまり、このような記念の碑などを作る目的は、ある人物がこの場所に住んで活動し、そこで亡くなったことを忘れまい、そして活動の内容を亡くなった場所で記録としてのこしておきたいという、その土地の人々の願いを具体的なかたちであらわすということになるのでしょう。

愛橘の終焉の地の人々の動きをみるにつけ、その人々の誇らしい気持ちがじかにつたわってきます。愛橘という人が、いま自分たちの住んでいる町でくらしていた、そして人生の最期をそこで終えたことを誇らしく思う気持ちです。

実をいうと、私は経堂に今住んでいる人たちがそのような思いをいだいていることをまったく知りませんでした。私のひっこしがきっかけになってその思いが表面に出てきた、そして私がそのことをはっきりした形で確認することができたのです。

愛橘生誕の地・二戸市でこれはまでにいろいろな顕彰の動きがみられ、具体的な形でそれが実現しているのとは対照的ですが、それは私が長く東京からはなれたところでくらしていたため、やむをえないことではあったのです。

現在、二戸市で愛橘顕彰の動きがありますが、経堂でも規模ははるかに小さいものの、同じような動きがみられることは偶然とはいえ私にとってうれしいことです。

・臨終のとき

それにつけても思い出すのが愛橘の臨終のことです。

それまで元気にすごしていた愛橘が脳軟化症で倒れたのは、愛橘が亡くなる1週間ぐらい前でした。自宅で主治医の治療を受けたのですが入院はしませんでした。よくおぼえているのが、母とのやりとりです。愛橘が発病したあと家族みんながおちつかない気分になっていたとき、母がいきなり私が休んでいる部屋にはいってきました。私がびっくりしていると近所の氷屋へ氷を買いに行ってこいというのです。私が気分がのらずぐずぐずしていると、母のカミナリが落ちました。「はやく行きなさい。今おじいちゃん、大変なんだから」とものすごいケンマクでどなりつけられ、あわてて氷屋へ走っていったのをよくおぼえています。母のあんなものすごい雷はあのときだけです。

愛橘が意識を失い臨終が近くなると、えらい先生方や知りあいの方、お弟子さんたちが続々とお見舞いにみえました。家族はその人たちの対応に追われ忙しい時をすごしました。

臨終のときのこと、あれは昭和27年5月21日、今から64年前のことです。愛橘の脈をとった主治医の先生が、愛橘の横たわる座敷でおごそかにいいました。「ご臨終です」と。すると一番近くにすわっていた一番弟子の物理学者、中村清二先生が小柄な体の全身を声に集中させ、「みなさん、田中舘先生にお礼をいおうではありませんか」と絶叫されたのです。すすりなく声はきこえず、しーんとしずまりかえったへやだっただけに余計中村先生の声がへや中にひびきわたりました。

私は自分のへやにもどると涙がとめどなく流れ出し、とまることがありません。いくらぬぐってもとまりません。こんなことはあのときだけです。私にとって愛橘とのわかれがあんなに悲しかったのだろうか。あふれ出る涙で私は愛橘への永遠のわかれを告げたのです。「おじいちゃん、ありがとう」と。

そのあと、せまい家の中は弔問におとずれる人たちであふれかえりました。報道関係の人たちの取材もすさまじいものでした。

そして5月26日の東大安田講堂の学士院葬ということになります。中村彝画伯の大きい絵が正面中央にかざられ、壇上の右側に葬儀をとり行なって下さった方々、左側に遺族がすわりました。私は祖母、母の次でした。えらい先生方の弔辞が延々とつづくのを神妙な顔つきで拝聴(はいちょう)していた私ですが、それが長くなるにつれ、疲れてきて閉口(へいこう)したことをおぼえています。

そのあと家族全員、遺骨(いこつ)の入った箱を手にした祖母を先頭に、愛橘のふるさと二戸市(当時は福岡町)へ向かいました。中学校の葬儀会場(そうぎかいじょう)へ向かう国道の両側には、町の人たちがずらりと並んで見送ってくださいました。市内のながめのよい丘の中腹にローマ字で書かれた愛橘のお墓があり、そこで愛橘は永遠の眠りについています。

・終焉の地にうもれていた宝もの

私が二〇一三年12月に経堂へ住まいをうつしてしばらくして、母校経堂小学校の同窓会がひらかれました。久しぶりになつかしい人たちにあえてうれしかったのですが、そのあと大きなオマケがついてきました。同窓会のあと同級生だったある女性が私をたずねてきました。見せてくださった古い雑誌に私はびっくりしました。

『少年少女』という雑誌にのっている愛橘と、その女性を含む3人の小学生の座談のようすは私にはまったく初耳でした。愛橘が亡くなる2年前、自宅でその小学生たちに科学などの話をきかせているのがその内容ですが、読んでみるとかなりレベルの高い内容です。原子や分子など物理学やノーベル賞のことなどをやさしくかみくだいて話しているとはいえ、小学六年生の生徒たちにはすこしむずかしかったかもしれません。私が感激したのは、そのような内容にもかかわらず小学生たちが熱心に質問し愛橘もそれにていねいに答えている状況です。

愛橘は通俗講演になれていましたからその受け答えは実に自然で、むしろたのしそうに話をすすめているようすがうかがえました。

ノーベル賞を湯川博士が受賞した点についての話では、愛橘は突然そのようなことがおこったのではなく、日本の科学がすでにそのレベルに達していたのだと強調しています。

小学生たちに科学の話をする愛橘の姿勢そのものに、それまでかかわってきた日本の科学のレベルをあげるという仕事を、さらに小学生にまでひろげていることに私は注目しています。その女性はその日のことを今でもはっきり覚えていて、その本にはさんでくださった手紙に愛橘と物理学やローマ字のことを書いてくださっています。東北弁（ズーズー弁）まる出しでしゃべった愛橘のむずかしそうな話を小学生なりにきちんと受けとめそれをいつまでも忘れない、私はそのことにさらに感銘(かんめい)を受けました。

愛橘ゆかりの家で二戸市の皆さんと著者、妻郁子

二戸市の愛橘に関する市民向け講演会

経堂での同窓生らへの講演会

・愛橋にかかわる催し(もよお)

これまでに、私はずいぶん愛橋にかかわる催しなどを主催したり、参加を要請(ようせい)されたりしてきました。愛橋没後50年の催しが、愛橋のふるさと岩手県二戸市で開催(かいさい)されたときには私もいくつかの催しに参加させていただきました。そのあと小学生向けの愛橋ローマ字教室や出前講座、講演会、市内のゆかりの場所ツアーなどを二戸市内などで実施(じっし)させていただきました。この種の催しはこれまで東京、神奈川、千葉などの都県だけでなく、盛岡市でもおこないました。一番大きな催しは東京上野の科学博物館での愛橋没後60年記念の企画展示ですが、そのほかにも盛岡市の先人記念館におけるローマ字に関する企画展示や盛岡てがみ館における手紙にかかわる企画展示にも全面的に協力させていただき、いずれも好評(こうひょう)のうちに無事終了しました。二〇一一年の東日本大震災のあとの愛橋と地震に関する二戸市での講演と出前講座も印象にのこっています。その直前におこなった沿岸部(えんがんぶ)にある野田村の被害(ひがい)状況の視察(しさつ)について私が報告したとき、皆さん大変熱心に耳を傾(かたむ)けてくださりうれしく思いました。

愛橘生誕一五〇年を記念して設立された田中舘愛橘研究会は、今年9月で10周年をむかえます。没後60年記念の会誌第3号は二八〇ページにもおよぶものですが、そのほかにも毎年さまざまな催しを実施してきました。私はその間、会長として微力（びりょく）ながら力をつくしてきました。そろそろ会長交代の時期でしょうから、愛橘にみならってもっと若い会員にその座をゆずろうと考えているところです。

4　愛橘は生きている

愛橘は地球物理学と航空学への貢献(こうけん)で一九四四年（昭和19年）に文化勲章を受章しましたが、二〇一五年の秋、愛橘の仕事を思い出させる出来事がふたつありました。

そのひとつはノーベル賞です。日本人が愛橘の専門分野の物理学の業績でノーベル賞を受賞されました。愛橘はノーベル賞の授与(じゅよ)が一九〇一年に始まって間もない一九一〇年にノーベル賞受賞者を選ぶ推薦(すいせん)委員(いいん)になり、その仕事にかかわりました。その翌年にキュリー夫人が受賞していることを考えると、愛橘がその推薦に関与した可能性があります。

もうひとつは飛行機です。愛橘が飛行機の仕事についてどんなことをしたかはその項目をお読みいただくことにして、まずは昔飛行場があった所沢の飛行機の記念館の庭に展示されている日本で作られたＹＳ(ワイエス)11という飛行機のことです。私は愛橘ツアーを東京や二戸市で何回か実施しましたが、東京ツアーでこのＹＳ11を参加者にお見せしたことがあります。そのときにはまさか国産ジェット機がつくられることなど夢にも思いませんでした。それが現実となったのです。愛橘がその実現の一翼(いちよく)を担(にな)ったと考えると胸がおどります。

航空関係者のよろこびもひとしおだったことでしょう。
ここで指摘（してき）しておきたいことは、愛橘はいろいろな仕事をしましたが、それらが、時代がかわっても継続（けいぞく）し、発展し、その精神が生かされている例がいくらでもあるということで、その具体例としてここにふたつのことをとりあげてみたのです。みなさんもこの本を読んだら、同じような例をさがしてみるとたのしいし、愛橘の精神を一層（いっそう）よく理解することができるでしょう。

最後に、それを成功させるコツをお教えしましょう。

まず、愛橘のやった仕事と、愛橘がどんな気持ちでそれらの仕事にとりくんだかを理解することです。図書館にはいろいろな資料がそろっていますから、図書館の人に相談してください。むずかしいことははぶいてもかまいません。理解しにくかったら、想像力をはたらかせて自分なりにおぎなってもいいでしょう。自分なりの方法で愛橘にせまるのもいいし、友達同士ではなしあっていっしょにその仕事にせまるのもいいでしょう。要するに愛橘へのせまり方はひとつでなく、堅苦（かたくる）しく考えずにマイペースでせまればいいのです。愛橘はニコニコしながらじっと見守っていますよ。

もうひとつ心がけてほしいのは、ふだんから日本や外国のニュースに関心をもつことです。これも考え始めるとむずかしいことにぶつかるかもしれませんが、気楽な気持ちでとりくんでください。家族のひとや先生にきくのもいいでしょう。なれてくるとたのしくなります。そこが大事なのです。いつも笑顔の愛橘が応援していますよ。がんばってください。

5　二戸市の田中舘愛橘記念科学館（二戸市シビックセンター）のこと

まずこの科学館が完成するまでのいきさつをお話ししましょう。平成11年7月25日（私の誕生日です）に竣工し、その2か月あとの9月18日（愛橘の誕生日です）にめでたく開館のはこびとなりました。その記念すべき日に私は西沢潤一氏と並んでテープカットをさせていただきました。

この施設の建設その他の事業に10年以上の長い年月がかかったそうですが、この間の関係者の方々の御苦労はいかばかりでしたでしょう。当初の関係者の方々の頭の中にあったのは愛橘の業績を顕彰する記念館のイメージであったようです。

この記念館という建物の建設が、いつごろだれの口から最初に発せられたのかははっきりしないらしいのですが、愛橘没後10年祭、20年祭などの折、私の父母ら遺族や地元の方々の口からこのことが話題になったと聞いています。

昭和60年度に記念館建設は社会教育課の所管事項と位置づけられましたが、そこに至るまでに3年かかったのは、教育施設の建設事業が集中したからですが、これらの事業完了後の昭和60年度から、建設場所、その規模、大まかな展示内容についての本格的な議論が始まり、何度か会議が開催されました。

その会議で、資料収集に努めよう、それを円滑に進めるには機動力のある民間組織を作ろうという提案がなされ、昭和61年に田中舘愛橘会が発足しました。それから資料収集が本格化し、その活動範囲も拡大していきました。

愛橘会の人々をこのような活動にかりたてたのは、愛橘に対する尊敬の念、同郷意識（アイデンティティ）、愛橘の存在を後世の人々に伝え、それを受けついでいってもらわなければならないという強い使命感であったと思われてならないと、元二戸市職員の千葉文齋氏は述懐しておられますが、私も同じ考えです。その活動ぶりが目の前にはっきり浮かんでくる気がします。

平成4年、都市計画課が建設するシビックセンターの中に、記念館を整備する構想が立案され、愛橘会の役員も加わって展示計画などについてふみ込んだ議論が開始されました。そして二戸市の中心市街地をあらたに整備する計画の中に、記念館建設事業がくみこまれました。この時、愛橘会から愛橘の遺品展示をするだけの施設ではなく、その業績を青少年にわかりやすく紹介する設備をとり入れるようにとの提案がなされ、科学館的要素をもりこんだ施設にする方向がはっきりと打ち出されたのです。

平成8年、記念館の展示設備工事に着手するようにという決定が下りましたので、それまでの協議内容を集約し構想を図面化した原案を提出するようにとの依頼が都市計画課に伝えられました。

この年、科学技術庁が科学技術センター整備への補助金制度を創設したとの情報が県の科学技術振興室からもたらされました。これにより事業費の枠が拡大されることになり、それまでの記念館から記念科学館へと建設の方向が大きく転換することが決定的となりました。

そこで都市計画課の契約業者に補助金採択に適合する内容の立案を指示しました。郷土の先人に学ぶ科学工房、科学技術にかかわる実験工作装置などがその目玉でした。

私がこの段階で意見を求められたのは平成9年、愛橘の弟子の物理学者や愛橘会の役員の方々といっしょに業者からの基本想案の検討をする会議のときでした。愛橘だけの独立した施設（単独館）を考えていた私には、複合施設の一部となる記念科学館という構想がはっきりした段階でずいぶん悩みました。しかしこれも妥協の産物と割り切って受け入れました。そのとき私からは私が市に寄贈していた愛橘資料の保存方法などいくつかの要望を出し検討をおねがいしました。

平成8年、補助金採択にむけて初めて科学技術庁に市の職員が出張し、いろいろやりとりがあって苦しい局面もあったようですが、最終的に採択が決定し市の9年度の当初予算に関係事業費として予算措置されることになったのです。

平成9年から11年までの3か年にわたる工事期間中、事あるごとに監修、指導などの仕事をさせていただき、平成11年の完成・開館を迎えることになったのでした。

この完成に至るまでのご苦労の多かったこと、あらためて関係各位に深く感謝の意を表します。

これも二戸市、愛橋会など多くの方々のご努力があったればこそで、とくに市と愛橋会の緊密な連係プレーは、それぞれのお立場をわきまえた上での一つの目標に向かってのねばりづよいご努力を、りっぱに結実させたものとして高い評価を受けることは当然です。この科学館が後世に愛橋の業績を知らしめる地域の科学の拠点として、とくに若い人たちのために愛橋の遺産をいかし夢を育てるという大きい役割をはたしてくれるものと期待しております。

この科学館完成までのいきさつは以上ですが、これからは私と科学館とのかかわりや科学館の現在の活動などについて話をすすめます。

私はこれまでに、二戸市へ行くたびに必ず科学館をたずね、その様子にふれてきました。私が寄贈(きぞう)したおよそ一万点の愛橘資料をしらべるときは、いつも新しい発見があるのでたのしくもあり、愛橘への理解が一層深まるので胸がおどる瞬間(しゅんかん)でもあります。

科学館の展示ケースの中には、私や他の人々からの愛橘に関する資料が並べられ愛橘の理解を手助けするしくみになっています。場内には愛橘の声が流れズーズー弁を聞くことができます（この本の序章参照）。私が作成に協力したビデオは入口でみることができ、没後60年の科学博物館の企画展示でも大変役に立ち好評でした。二〇〇一年には、カナダのトロントの学会で科学館について発表したところ、そんな小さな科学館になぜそんなに大勢の人がやってくるのかという質問がありました。私は「それが実は大きなナゾなのです」と含みをもたせた返事をしたところ、これがまた大ウケでした。私はそれ以前にもアメリカやカナダの学会で日本語問題やローマ字、愛橘などについて学会発表していますが、二〇〇一年の科学館についての発表はそれらの流れの延長上に位置するものでした。

私が科学館へ行くたびに感動させられるのは、そこで働く方々の熱心で誠意あふれる態度です。そして入館者の方々は老いも若きも例外なくその説明に聞き入り、館内の参加型の作業に一生懸命とりくむのです。愛橋はさぞかし大よろこびしているでしょう。

（千葉文斎氏の文章をもとに書きました。）

・シビックセンターの日常的な活動（巻末の資料を参照してください）

科学館の展示や説明の部分に入れ替えや模様替えは一切ありません。

それと対照的に、子どもが参加し経験させるコーナーでは絶えず工夫がなされ、いつ行っても飽きることがありません。建設するときにめざした理念が15年以上たったいまでも生かされていることに、驚嘆と感謝の念を抑えることができません。

来館者の数が横ばいということは、一定の人数（二〇一四年度の来館者数は約五三〇〇人）を維持し続けていることを意味します。科学館の規模を考えると、これはまさに館長さんはじめスタッフの方々の日常的なご努力に負うところがきわめて大きいといわざるを得ないでしょう。

具体的にいうと、実験や工作などがいつ行っても用意されています。サイエンスショーは身近な物理現象を参加者が体験を通じて理解できるように工夫されていて、おとなも子どももひきこまれてしまいます。

ある新聞記事で、地元の文化、歴史、自然などをほかの項目とうまく融合させ来館者の興味をかき立てているいくつかの具体例を読みました。以前二戸市のゆたかな自然をテーマにした催しがありましたが、いまは人材不足で中止していると聞いて残念でなりません。科学館のまわりにひろがるゆたかな自然、愛橘が幼いころ親しみ、それが愛橘の科学への興味をはぐくんだ自然を科学館としてぜひ活用してほしい。なにも肩肘張る必要はありません。シビックセンターで実施されているその種の催しを活用したり、ボランティアを募ってもいいし、2月に毎年ひらかれる生徒の理科の研究発表会とくみあわせてもいい。地元の学校の理科教育やクラブ活動との組み合わせも考えられます。要するにその気になれば二戸市の自然はいくらでもその要望にこたえてくれるはず、活用しない手はありません。私自身これまでずいぶん二戸市の自然に親しんできました。ずいぶんあちこち歩きました。だからこそ、もったいないと思うこととしきりです。

年表／資料

栄典

一八九一年　明治（24年）12月21日―正七位
一八九七年　明治（30年）2月10日―正六位
一九〇二年　明治（35年）2月1日―勲四等旭日小綬章
一九一五年　大正（4年）11月10日―大礼記念章
一九一六年　大正（5年）8月21日―従三位
一九二八年　昭和（3年）―レジオン・ド・ヌール勲章
一九四四年　昭和（19年）―文化勲章（岩手県人初）
一九五一年　昭和（26年）―名誉福岡町民

西暦	元号	月	年譜
一八五六	安政3	9	陸奥国、二ノ戸郡福岡村（現在の岩手県）に誕生。
一八六一	文久元		5歳　母キセから文字の手習い、叔父小保内定身より和漢の書を学ぶ。
一八六四	元治元		8歳　実用流師範下斗米軍七に武芸を、書は欠端武敏から学ぶ。
一八六五	慶応元		9歳　藩校の令斉場で文武の学、和漢、書を学ぶ。
一八六九	明治2		盛岡に出て照井全都に就き経書を学ぶ。
一八七〇	明治3		14歳　盛岡藩校作人館修文所に入学、和漢の学問を修める。
一八七一	明治4		修文所を退き太田代恒徳の塾に入り漢学を修める。
一八七二	明治5	7	16歳　一家あげて東京に移る。
		9	慶応義塾へ入学して英語を学ぶ。
一八七三	明治6	11	17歳　慶応義塾を退学する。
一八七四	明治7	3	18歳　外国語学校の一部だった英語学校に入学する。
一八七六	明治9	9	20歳　東京開成学校に進む。
一八七七	明治10		夏休みに英語教師フェントンと蝶採集の旅に出て福岡で歓待する。
		10	モースの動物学や進化論の講義を受講する（予備門時代）。
			母キセ死去。

西暦	元号	月	年譜
一八七八	明治11	9	東京大学理学部へ入学する。
一八八〇	明治13	2〜8	メンデンホールの指導の下で、東京や富士山の重力測定をする。
一八八一	明治14	8	札幌の重力測定をする。
一八八二	明治15	7	東京大学理学部を卒業し、準助教授となる。
		8	理学部学生を率いて、鹿児島、沖縄の重力を測定する。
一八八三	明治16	12	父が郷里で死去。東京大学助教授となる。
一八八四	明治17	8	小笠原島の重力を測定する。
一八八五	明治18		ローマ字運動の指針となるふたつの論文を発表する。
一八八七	明治20	6〜11	日本全国の地磁気測量にあたり日本全土の南半分と朝鮮南部を受け持つ。
一八八八	明治21	1	大学を退きイギリスのグラスゴー大学へ入学する。
一八九〇	明治23	4	ベルリン大学へ転学する。
一八九一	明治24	7	日本へ帰国し、帝国大学理科大学教授となる。

		8	理学博士の学位を与えられる。
		11	10月の濃尾大地震の震源地に出張し、根尾谷の大断層を発見する。
一八九二	明治25	7	その発足に尽力した文部省震災予防調査会の委員となる。
一八九三	明治26		この年から同29年まで4年間夏休みの間に全国の地磁気測定をする。
		4	本宿キヨ子嬢と結婚する。
		5	吾妻山の爆発調査のため出張する。
一八九四	明治27	3	娘、美稲が誕生したが産後の病気により夫人死去する。
		11	万国測地学協会委員となる。
一八九八	明治31	5	測地学委員会の委員となる。
		10	国際会議初となるシュトゥットガルトの万国測地学協会総会に出席する。
		10	ヨーロッパの国々をまわる。
一九〇三	明治36	7	ストラスブルグの万国地震学会議創立委員会とコペンハーゲンの万国測地学協会総会に出席する。
		8	
一九〇四	明治37		中野電信隊において陸軍のために気球の研究に従事する。

西暦	元号	月	年譜
一九〇六	明治39	9	帝国学士院会員となる。
一九〇七	明治40	6	万国度量衡会議常置委員に選ばれる。
		10	パリの万国度量衡会議総会に出席する。ヨーロッパ諸国で電気単位などに関する調査を行なう。
一九〇九	明治42	8	臨時（りんじ）軍用気球研究会委員となる。
一九一〇	明治43	4	母堂死去する。
		4	航空事業視察のためヨーロッパへ派遣される。
			ノーベル賞受賞者推薦委員となる。ふるさと福岡でラジウム実験をする。
		6	ローマ字新聞が創刊される。
		9	所沢飛行場が建設される。
一九一一	明治44	5	通俗教育調査委員会委員となる。
		7	『ローマ字世界』が創刊される。
一九一三	大正2	10	パリの万国度量衡会議総会に出席し電気単位に関する特別委員となる。
一九一五	大正4	6	貴族院有志のために航空機の発達と研究の情況を講演する。

		11	『航空機講話』が発行される。
一九一六	大正5	4	東京帝国大学航空学調査委員長となる。
		5	勲一等瑞宝章（くんいっとうずいほうしょう）を受ける。
		10	在職25年祝賀会が小石川植物園で催される。大学教授の辞表を提出する。
一九一七	大正6	4	大学教授を退き正三位に叙（じょ）せらる。
		4	臨時軍用気球研究会委員となる。
		6	東京帝国大学名誉教授となる。
		8	海軍技術本部において航空術に関する業務嘱託となる。
一九一八	大正7	1	海軍省臨時潜水艇航空機調査会事務嘱託となる。
		4	東京帝国大学航空研究所が創立され顧問嘱託となる。
		5	国際学術研究会議のためヨーロッパ各国へ出張する。
		5	海軍省より欧米の航空機に関する調査を嘱託される。
一九一九	大正8	3	航空条約締結のため臨時外務省の事務嘱託となる。
		4	農商務省より度量衡に関する事項の調査を嘱託される。
		7	ブリュッセルの第1回国際学術研究会議及び地磁気・空中電気国際会議に出席し、後者の会長となる。

西暦	元号	月	年譜
		12	前年5月より海外出張だったが12月帰国する。小石川区小日向台町へ転居する。
一九二〇	大正9	1	逓信省航空事業調査委員会委員となる。
		3	東京帝国大学航空研究所業務嘱託となる。
		4	陸軍省より航空機に関する調査研究業務嘱託となる。
		4	外務省より航空条約のために臨時平和条約事務局の事務嘱託となる。
		6	文部省測地学委員会委員となる。
		9	パリの万国度量衡委員会議とミラノの国際連盟協会会議に出席する。
		9	対独平和条約などの締結の功により金杯1組を受ける。
		11	学術研究会議会議員となる。
一九二一	大正10	7	航空評議会評議員となる。小石川区雑司ヶ谷町へ転居する。
		9	パリの万国度量衡会議総会に出席。欧米の航空事業を調査する。
一九二二	大正11		アインシュタイン来日の際、その歓迎会に列席する。

一九二三	大正12	7	東京帝国大学より欧州在留中に航空研究所と物理実験室の設計調査を嘱託される。農商務省より度量衡に関する事項の調査を嘱託される。
		9	パリの万国度量衡常置委員会議と物理学会に出席する。
一九二四	大正13	7	日本の学術研究会議を代表しロンドンのケルビン百年記念会に出席する。北欧航空事業視察と英米の観測所を視察する。
		9	マドリードの測地学・地球物理学国際会議に出席する。
一九二五	大正14	4	文部省学術研究会議副議長となる。
		7	パリの万国度量衡常置委員会とブリュッセルの航空連盟会議と国際航空委員会会議に航空評議会代表として出席する。
		10	外務省より国際航空委員会関係事務を嘱託される。
		10	貴族院議員（帝国学士院代表）となる。
一九二六	大正15	4	郷里福岡町において古稀祝賀会が催される。
		5	パリの日本大使館における国際航空委員会議に日本政府派出員の団長として出席し、ロンドンの国際議員商事会議にも出席する。
		6	ブリュッセルの国際学術研究会議の準備委員会に出席する。

西暦	元号	月	年譜
一九二七	昭和2	6	震災予防評議会評議員となる。
		10	太平洋学術会議副会長となる。
		7	ジュネーブの国際連盟知的協力委員会とローマの国際航空委員会に出席する。
		8	プラハの測地学・地球物理学国際会議に出席する。
		9	パリの万国度量衡会議総会に出席する。
一九二八	昭和3	1	航空事業に対しフランス政府よりレジオン・ド・ヌール勲章を受ける。
		6	ブリュッセルの航空連盟会議に出席する。
		7	ライデンの国際天文学会、ブリュッセルの国際学術研究会議、ジュネーブの国際連盟知的協力委員会に出席する。
		8	ベルリンの議院会議に帝国貴族院代表として出席する。
一九二九	昭和4	6	パリの万国度量衡会議、コペンハーゲンの国際航空連盟会議、アーヘンの航空学会に出席する。
		7	ジュネーブの国際連盟知的協力委員会に出席する。
		8	ジュネーブの議員会議に出席する。

		9	コペンハーゲンの国際気象学会に出席する。
一九三〇	昭和5	6	ジュネーブの国際連盟協会とパリの国際航空連盟会議に出席し、コンスタンチノープル（いまのイスタンブール）にトルコ政府のローマ字委員を訪問する。
		7	ジュネーブの国際連盟知的協力委員会とロンドンの議院会議に出席する。
		8	ストックホルムの測地学・地球物理学国際会議とレニングラードの極年観測準備委員会に出席する。
		9	ハーグの国際航空委員会会議とポツダムのドイツ地球物理学会に出席する。
		11	文部省臨時ローマ字調査会委員となる。
一九三一	昭和6	4	万国度量衡会議常置委員を退き、同名誉委員となる。
		7	ジュネーブの国際連盟知的協力委員会に出席する。
		8	言語学国際会議に出席する。
		9	パリの国際地理学会に出席する。
一九三二	昭和7	7〜10	ジュネーブの国際連盟知的協力委員会とスケブニンゲンの国際航空委員会に出席する。

西暦	元号	月	年譜
一九三三	昭和8	7	アムステルダムの音声学会に出席する。
		10	貴族院議員に再選される。
		1	御講書始めにおいて航空機発達史の概要をご進講する。
		7	ジュネーブの国際連盟知的協力委員会に出席する。
		8	リスボンの測地学・地球物理学国際会議とローマの言語学国際会議に出席する。
一九三五	昭和10	2	貴族院の美濃部達吉の天皇機関説の弁明演説に拍手を送る（天皇は機関説に賛成）。
		7	パリの天文学会、ロンドンの国際音声学会議とブリュッセルの議院会議に出席する。
		8	ワルシャワの気象学会に出席する。
		9	ヂュヴロニックの国際航空連盟会議に出席する。
		10	ロンドンの議院商事会議と列国議会同盟会議に出席する。
			愛橘提唱の日本式ローマ字をごく一部修正した訓令式ローマ字が内閣訓令として発布される。
一九三七	昭和12	7	初のひ孫の明（筆者のこと）誕生する。

一九三八	昭和13	4	随筆集『葛の根』が発刊される。
		8	航空機技術委員会委員となる。
一九三九	昭和14	10	貴族院議員に3選される。
一九四〇	昭和15	1	帝国学士院第2部部長となる。
一九四三	昭和18	1	田中舘博士記念事業会が結成される。
		9～11	六義園（9月）雑司ヶ谷邸（11月）において米寿祝賀会が催される。
一九四四	昭和19	1	朝日新聞社から朝日文化賞が贈呈される。
		4	地球物理学と航空学の功績により文化勲章を受ける。
一九四五	昭和20	3	郷里福岡町に疎開する。そのあと雑司ヶ谷の本邸は空襲による火災のため焼失する。
		8	日本降伏。
		9	疎開先福岡から世田谷区経堂に居を移す。
一九四六	昭和21	4	アメリカの教育使節団来朝、田中舘博士の意見を聴取したといわれる。
一九四七	昭和22	2	最後の貴族院で恒例のローマ字演説を行なう。

西暦	元号	月	年譜
一九四八	昭和23	4	義務教育にローマ字教育をとり入れる。
			自著『時は移る』を発行（ローマ字、漢字かな書き併記）
一九四九	昭和24	4	義務教育にローマ字教育をとり入れる。
一九五〇	昭和25		日本物理学会名誉会員となる。
一九五一	昭和26		文化功労者として顕彰される。福岡町名誉町民となる。
一九五二	昭和27	5	95歳　東京経堂の自宅で永眠。従二位に叙し、勲一等旭日大綬章を授与される。
一九八七	昭和62	3	ひ孫の明が二戸市に愛橘資料約1万点を寄贈する。
一九九九	平成11	9	郷里二戸市に田中舘愛橘記念科学館がオープンする。
二〇〇二	平成14	4	二戸市内の愛橘ゆかりの家と土地をひ孫明が市に寄贈する。
		5	没後50年記念事業挙行。
		11	文化人郵便切手発行される。
二〇一二	平成24	5 ～ 6	没後60年を記念して東京の科学博物館で企画展示が施行される。
二〇一五	平成27	12	12月二戸市名誉市民となる。

二〇一六	平成28	愛橘の身内（おい、娘、ひ孫の3人）による3冊目の伝記が出版される。

愛橘の地球物理、航空、度量衡、ローマ字などにわたる箇々の仕事のうちで、特筆しなければならぬ重要なものが多いのですが、それはそれぞれの専門部門での正確な年譜に譲って、ここでは省略させていただいたことをお断りします。

国立公文書館所蔵の愛橘の叙勲に関する政府発行の公文書類のごく一部をここに紹介します。

正五位叙勲の通知とその理由

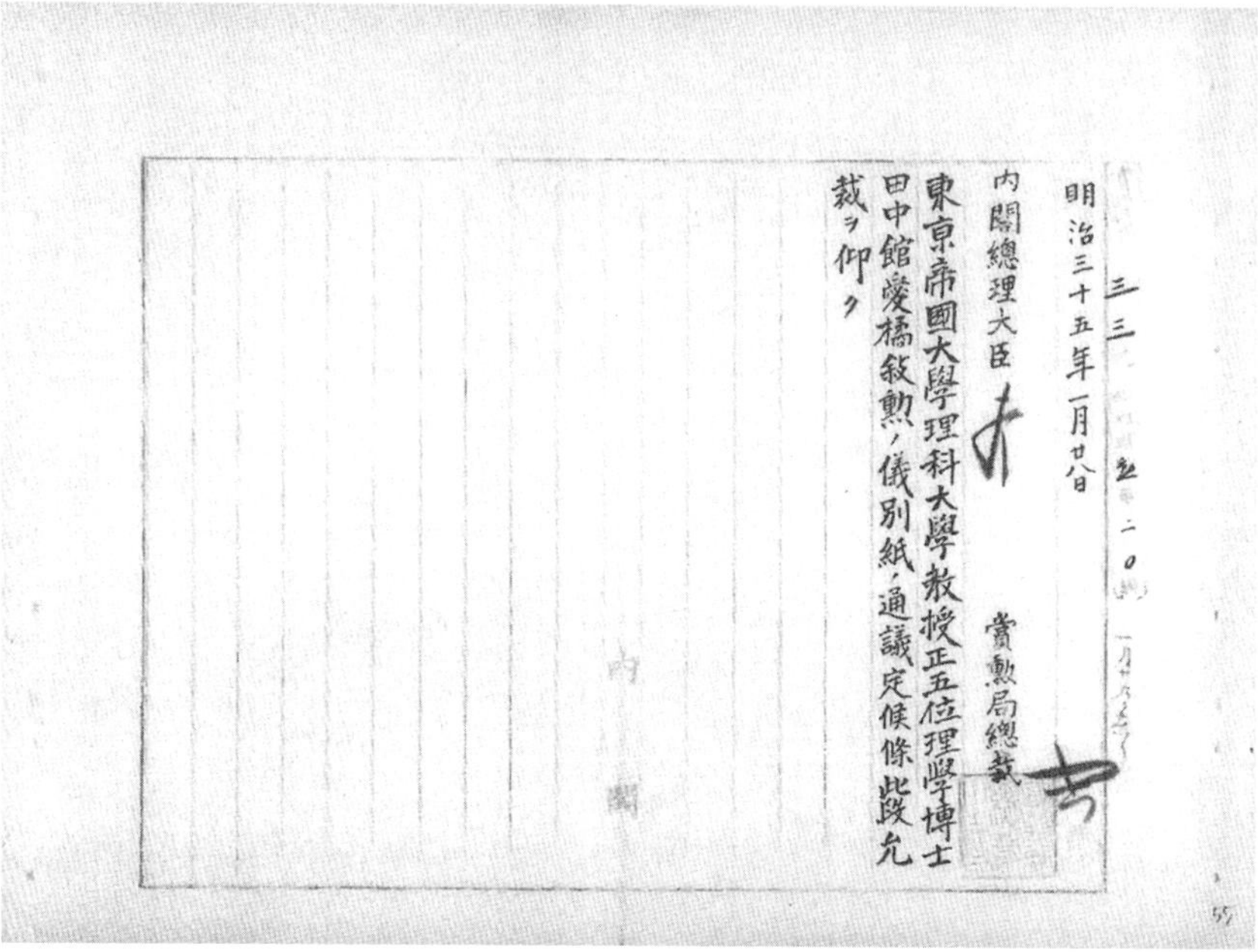

明治三十五年一月二十八日

内閣総理大臣　　　　　　　賞勲局総裁

東京帝国大学理科大学教授正五位理学博士

田中館愛橘叙勲ノ儀別紙ノ通議定候條此段允

裁ヲ仰ク

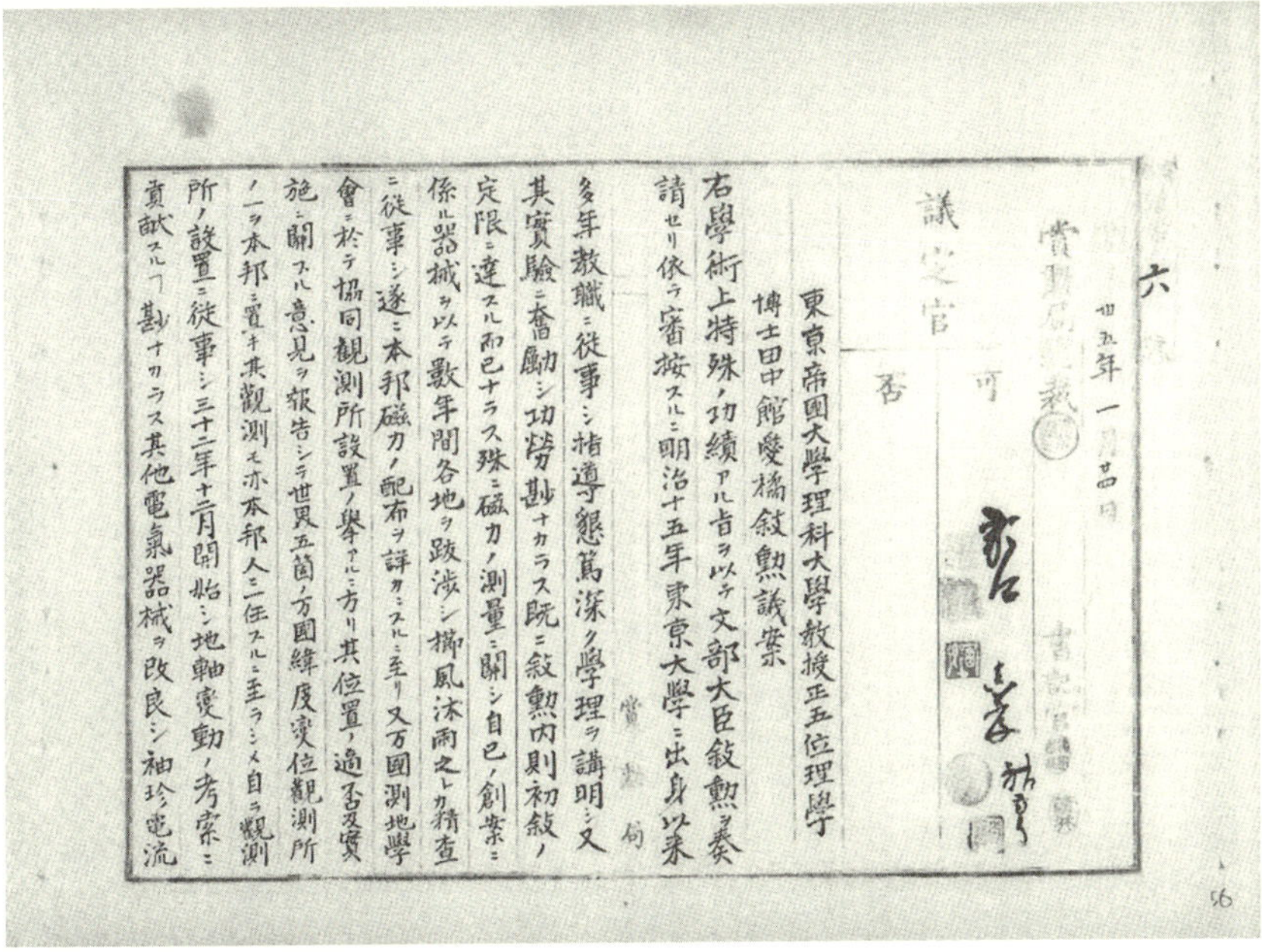

六

廿五年一月廿日

賞勲局総裁

議定官

可

否

東京帝國大學理科大學教授正五位理學

博士田中館愛橘敍勲議案

右學術上特殊ノ功績アル旨ヲ以テ文部大臣敍勲ヲ奏

請セリ依テ審按スルニ明治十五年東京大學ニ出身以來

多年教職ニ從事シ指導懇篤深ク學理ヲ講明シ又

其實驗ニ奮勵シ功勞尠ナカラス既ニ敍勲内則初敍ノ

定限ニ達スル而已ナラス殊ニ磁力ノ測量ニ關シ自己ノ創案ニ

係ル器械ヲ以テ數年間各地ヲ跋渉シ櫛風沐雨之レカ精査

ニ從事シ遂ニ本邦磁力ノ配布ヲ詳カニスルニ至リ又万國測地學

會ニ於テ協同觀測所設置ノ擧アルニ方リ其位置ノ適否及實

施ニ關スル意見ヲ報告シテ世界五箇ノ万國緯度變位觀測所

ノ一ヲ本邦ニ置キ其觀測モ又本邦人ニ一任スルニ至ラシメ自ラ觀測

所ノ設置ニ從事シ三十二年十二月開始シ地軸變動ノ考索ニ

貢献スルヿ尠ナカラス其他電氣器械ヲ改良シ袖珍電流

東京帝国大学理科大学教授正五位理学

博士田中館愛橘叙勲議案

右学術上特殊ノ功績アル旨ヲ以テ文部大臣叙勲ヲ奏
請セリ依テ審按スルニ明治十五年東京大学ニ出身以来
多年教職ニ従事シ指導懇篤深ク学理ヲ講明シ又
其実験ニ奮励シ功労少ナカラス既ニ叙勲内則初叙ノ
定限ニ達スル而已ナラス殊ニ磁力ノ測量ニ関シ自己ノ創案ニ
係ル器械ヲ以テ数年間各地ヲ跋渉シ櫛風沐雨之レカ精査
ニ従事シ遂ニ本邦磁力ノ配布ヲ詳カニスルニ至リ又万国測地学
会ニ於テ協同観測所設置ノ挙アルニ方リ其位置ノ適否及実
施ニ関スル意見ヲ報告シテ世界五箇ノ万国緯度変位観測所
ノ一ヲ本邦ニ置キ其観測モ又本邦人ニ一任スルニ至ラシメ自ラ観測
所ノ設置ニ従事シ三十二年十二月開始シ地軸変動ノ考索ニ
貢献スルヿ尠ナカラス其他電気器械ヲ改良シ袖珍電流

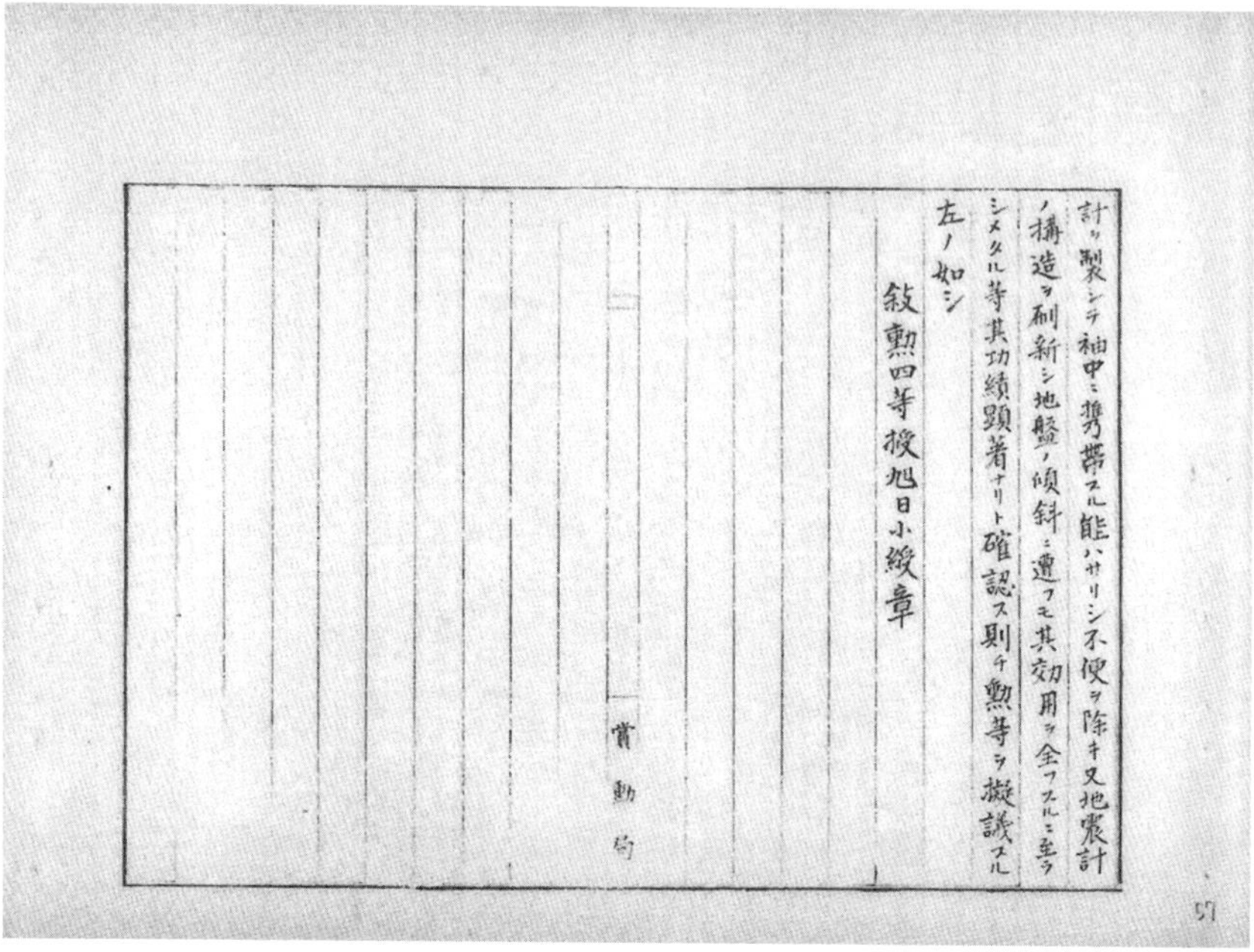
計ヲ製シテ袖中ニ携帯スル能ハサリシ不便ヲ除キ又地震計
ノ構造ヲ刷新シ地盤ノ傾斜ニ遭フモ其効用ヲ全フスルニ至ラ
シメタル等其功績顕著ナリト確認ス則チ勲等ヲ擬議スル
左ノ如シ
叙勲四等授旭日小綬章
賞勲局
57

計ヲ製シテ袖中ニ携帯スル能ハサリシ不便ヲ除キ又地震計
ノ構造ヲ刷新シ地盤ノ傾斜ニ遭フモ其効用ヲ全フスルニ至ラ
シメタル等其功績顕著ナリト確認ス則チ勲等ヲ擬議スル
左ノ如シ
叙勲四等授旭日小綬章

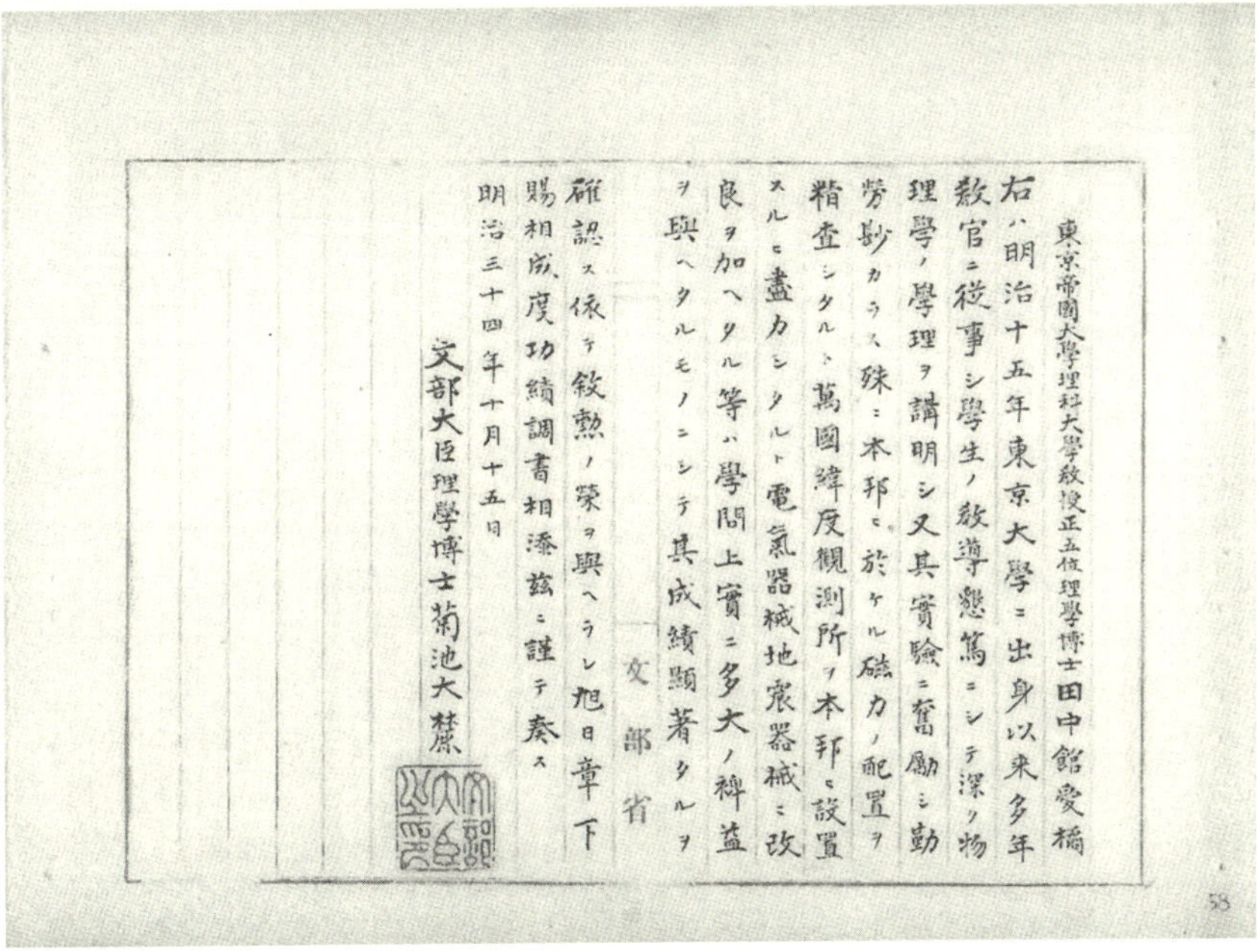
東京帝國大學理科大學教授正五位理學博士田中館愛橘
右ハ明治十五年東京大學ニ出身以來多年
教官ニ從事シ學生ノ教導懇篤ニシテ深ク物
理學ノ學理ヲ講明シ又其實驗ニ奮勵シ勤
勞尠カラス殊ニ本邦ニ於ケル磁力ノ配置ヲ
精査シタルト萬國緯度觀測所ヲ本邦ニ設置
スルニ盡力シタルト電氣器械地震器械ニ改
良ヲ加ヘタル等ハ學問上實ニ多大ノ裨益
ヲ與ヘタルモノニシテ其成績顯著タルヲ
確認ス依テ敍勲ノ榮ヲ與ヘラレ旭日章下
賜相成度功績調書相添茲ニ謹テ奏ス
明治三十四年十月十五日
文部大臣理學博士菊池大麓
文部省
58

東京帝国大学理科大学教授正五位理学博士田中館愛橘
右ハ明治十五年東京大学ニ出身以来多年
教官ニ従事シ学生ノ教導懇篤ニシテ深ク物
理学ノ学理ヲ講明シ又其実験ニ奮励シ勤
労尠カラス殊ニ本邦ニ於ケル磁力ノ配置ヲ
精査シタルト万国緯度観測所ヲ本邦ニ設置
スルニ尽力シタルト電気器械地震器械ニ改
良ヲ加ヘタル等ハ学問上実ニ多大ノ裨益
ヲ与ヘタルモノニシテ其成績顕著タルヲ
確認ス依テ叙勲ノ栄ヲ与ヘラレ旭日章下
賜相成度功績調書相添茲ニ謹テ奏ス
明治三十四年十月五日

文部大臣理学博士菊池大麓

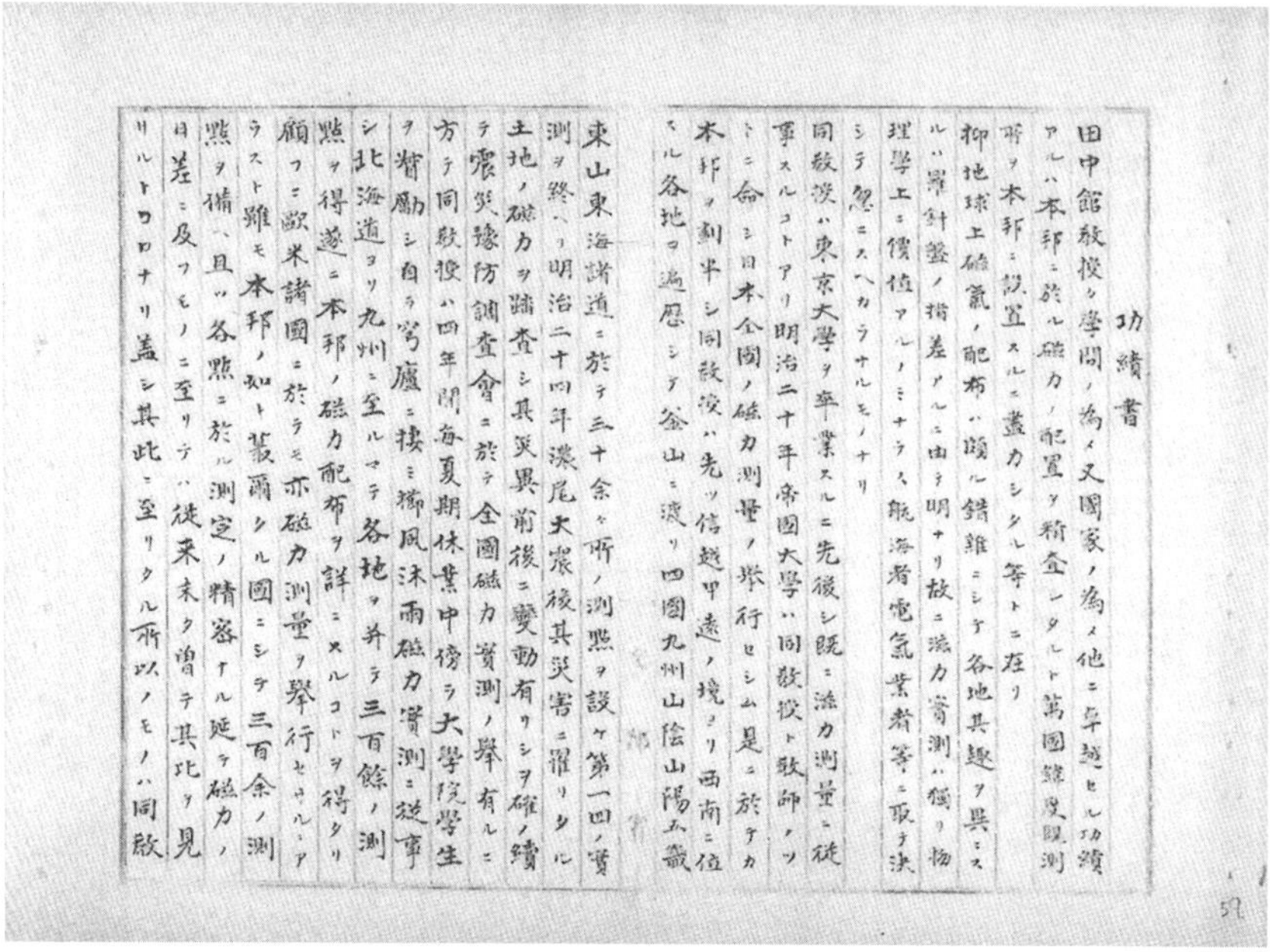

功績書

田中館教授カ学問ノ為メ又国家ノ為メ他ニ卓越セル功績アルハ本邦ニ於ル磁力ノ配置ヲ精査シタルト万国緯度観測所ヲ本邦ニ設置スルニ尽力シタル等トニ在リ

抑地球上磁気ノ配布ハ頗ル錯雑ニシテ各地其趣ヲ異ニスルハ羅針盤ノ指差アルニ由テ明ナリ故ニ磁力実測ハ独リ物理学上ニ価値アルノミナラス航海者電気業者等ニ取テ決シテ忽ニスヘカラサルモノナリ

同教授ハ東京大学ヲ卒業スルニ先後シ既ニ磁力測量ニ従事スルコトアリ明治二十年帝国大学ハ同教授ト教師ノツトニ命シ日本全国ノ磁力測量ヲ挙行セシム是ニ於テカ本邦ヲ劃半シ同教授ハ先ツ信越甲遠ノ境ヨリ西南ニ位スル各地ヲ遍歴シテ釜山ニ渡リ四国九州山陰山陽五畿東山東海諸道ニ於テ三十余ヶ所ノ測点ヲ設ケ第一回ノ実測ヲ終ヘリ明治二十四年濃尾大震後其災害ニ罹リタル土地ノ磁力ヲ踏査シ其災異前後ニ変動有リシヲ確メ続テ震災予防調査会ニ於テ全国磁力実測ノ挙有ルニ方テ同教授ハ四年間毎夏期休業中傍ラ大学院学生ヲ督励シ自ラ穹廬ニ棲ミ櫛風沐雨磁力実測ニ従事シ北海道ヨリ九州ニ至ルマテ各地ヲ并テ三百余ノ測点ヲ得遂ニ本邦ノ磁力配布ヲ詳ニスルコトヲ得タリ顧フニ欧米諸国ニ於テモ又磁力測量ノ挙行セサルニアラスト雖モ本邦ノ如キ叢爾タル国ニシテ三百余ノ測点ヲ備ヘ且ツ各点ニ於ル測定ノ精密ナル延テ磁力ノ日差ニ及フモノニ至リテハ従来未タ曽テ其比ヲ見サルトコロナリ蓋シ其此ニ至リタル所以ノモノハ同教

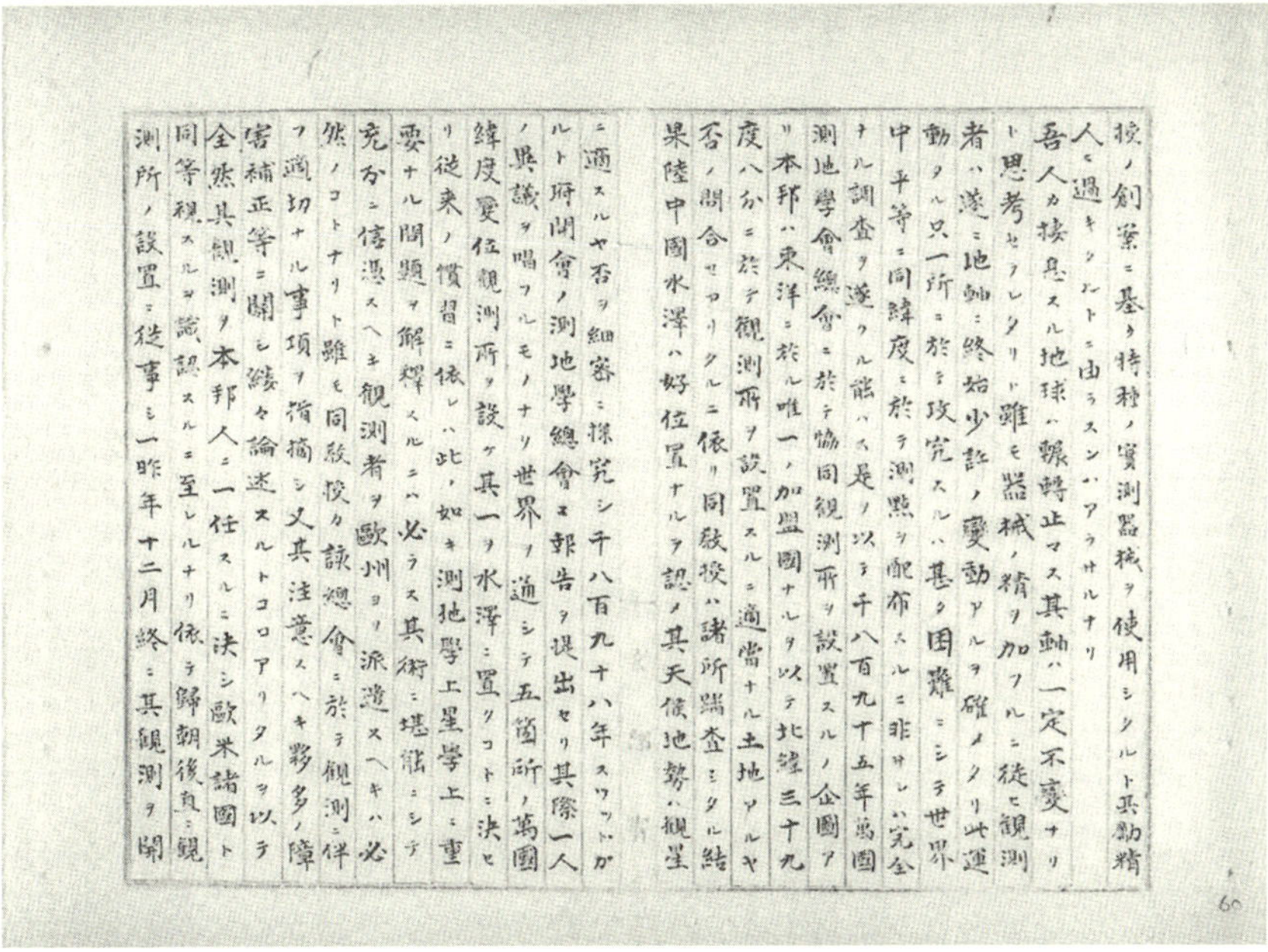

授ノ創案ニ基ク特種ノ実測器械ヲ使用シタルト其励精
人ニ過キタルトニ由ラスンハアラサルナリ
吾人カ棲息スル地球ハ展転止マス其軸ハ一定不変ナリ
ト思考セラレタリト雖モ器械ノ精ヲ加フルニ従ヒ観測
者ハ遂ニ地軸ニ終始少許ノ変動アルヲ確メタリ此運
動タル只一所ニ於テ攻究スルハ甚タ困難ニシテ世界
中平等ニ同緯度ニ於テ測点ヲ配布スルニ非サレハ完全
ナル調査ヲ遂クル能ハス是ノ以テ千八百九十五年万国
測地学会総会ニ於テ協同観測所ヲ設置スルノ企画ア
リ本邦ハ東洋ニ於ル唯一ノ加盟国ナルヲ以テ北緯三十九
度八分ニ於テ観測所ヲ設置スルニ適当ナル土地アルヤ
否ノ問合セアリタルニ依リ同教授ハ諸所踏査シタル結
果陸中国水沢ハ好位置ナルヲ認メ其天候地勢ハ観星
ニ適スルヤ否ヲ細密ニ探究シ千八百九十八年スツッドガ
ルト府開会ノ測地学総会ニ報告ヲ提出セリ其際一人
ノ異議ヲ唱フルモノナク世界ヲ通シテ五箇所ノ万国
緯度変位観測所ヲ設ケ其一ヲ水沢ニ置クコトニ決セ
リ従来ノ慣習ニ依レハ此ノ如キ測地学上星学上ニ重
要ナル問題ヲ解釈スルニハ必ラス其術ニ堪能ニシテ
充分ニ信憑スヘキ観測者ヲ欧州ヨリ派遣スヘキハ必
然ノコトナリト雖モ同教授カ該総会ニ於テ観測ニ伴
フ適切ナル事項ヲ指摘シ又其注意スヘキ夥多ノ障
害補正等ニ関シ縷々論述スルトコロアリタルヲ以テ
全然其観測ヲ本邦人ニ一任スルニ決シ欧米諸国ト
同等視スルヲ識認スルニ至レルナリ依テ帰朝後直ニ観
測所ノ設置ニ従事シ一昨年十二月終ニ其観測ヲ開

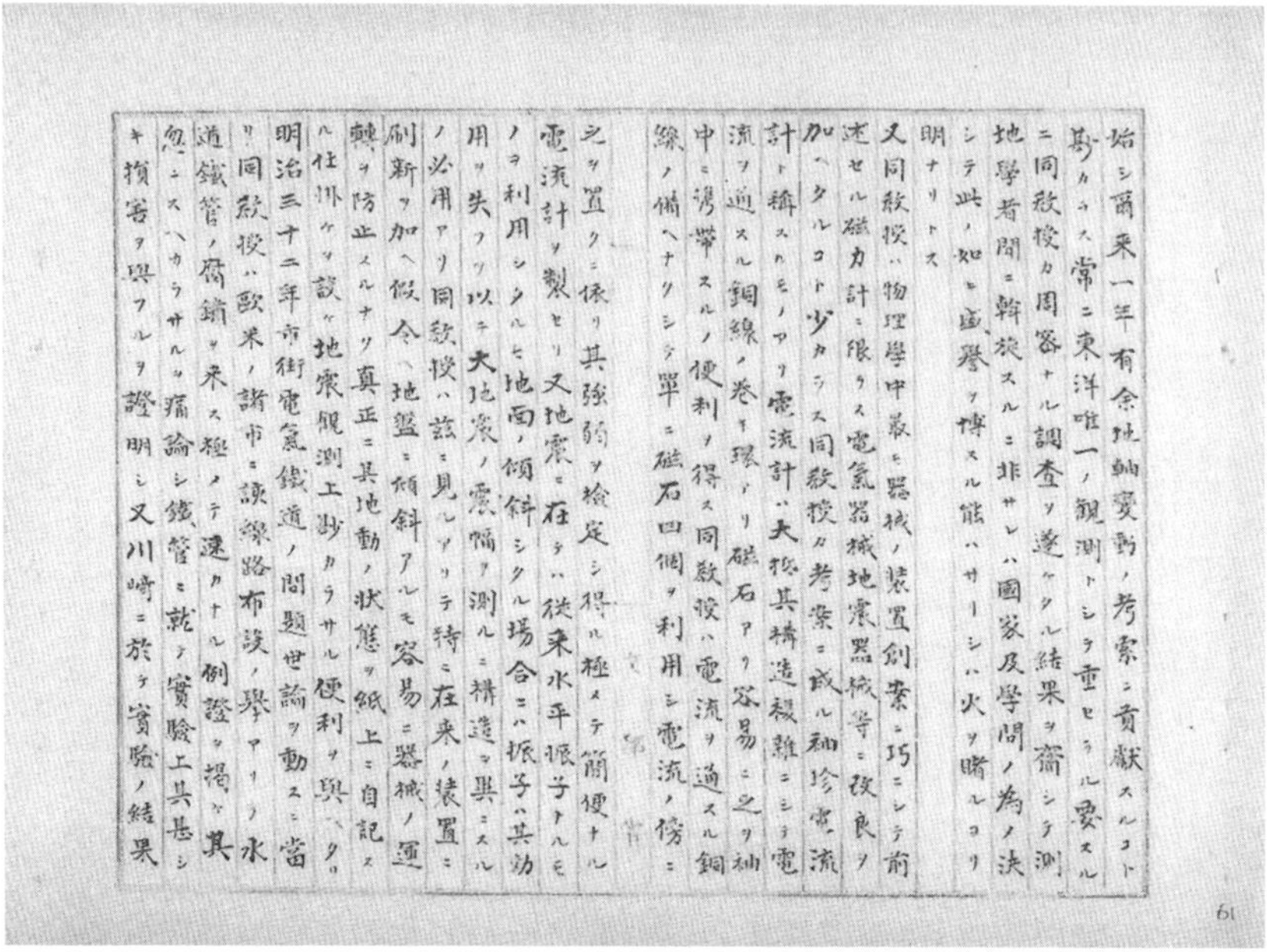

始シ爾来一年有余地軸変動ノ考索ニ貢献スルコト尠カラス常ニ東洋唯一ノ観測トシテ重セラル要スルニ同教授カ周密ナル調査ヲ遂ケタル結果ヲ齎シテ測地学者間ニ斡旋スルニ非サレハ国家及学問ノ為メ決シテ此ノ如キ盛誉ヲ博スル能ハサリシハ火ヲ睹ルヨリ明ナリトス

又同教授ハ物理学中最モ器械ノ装置創案ニ巧ニシテ前述セル磁力計ニ限ラス電気器械地震器械等ニ改良ヲ加ヘタルコト少カラス同教授カ考案ニ成ル袖珍電流計ト称スルモノアリ電流計ハ大抵其構造複雑ニシテ電流ヲ通スル銅線ノ巻キ環アリ磁石アリ容易ニ之ヲ袖中ニ携帯スルノ便利ヲ得ス同教授ハ電流ヲ通スル銅線ノ備ヘナクシテ単ニ磁石四個ヲ利用シ電流ノ傍ニ之ヲ置クニ依リ其強弱ヲ検定シ得ル極メテ簡便ナル電流計ヲ製セリ又地震ニ在テハ従来水平振子ナルモノヲ利用シタルモ地面ノ傾斜シタル場合ニハ振子ハ其効用ヲ失フヲ以テ大地震ノ震幅ヲ測ルニ構造ヲ異ニスルノ必用アリ同教授ハ茲ニ見ルアリテ特ニ在来ノ装置ニ刷新ヲ加ヘ仮令ヘ地盤ニ傾斜アルモ容易ニ器械ノ運転ヲ防止スルナリ真正ニ其地動ノ状態ヲ紙上ニ自記スル仕掛ケヲ設ケ地震観測上尠カラサル便利ヲ与ヘタリ明治三十二年市街電気鉄道ノ問題世論ヲ動スニ当リ同教授ハ欧米ノ諸市ニ該線路布設ノ挙アリテ水道鉄管ノ腐錆ヲ来ス極メテ速カナル例証ヲ掲ケ其忽ニスヘカラサルヲ痛論シ鉄管ニ就テ実験上其甚シキ損害ヲ与フルヲ証明シ又川崎ニ於テ実験ノ結果

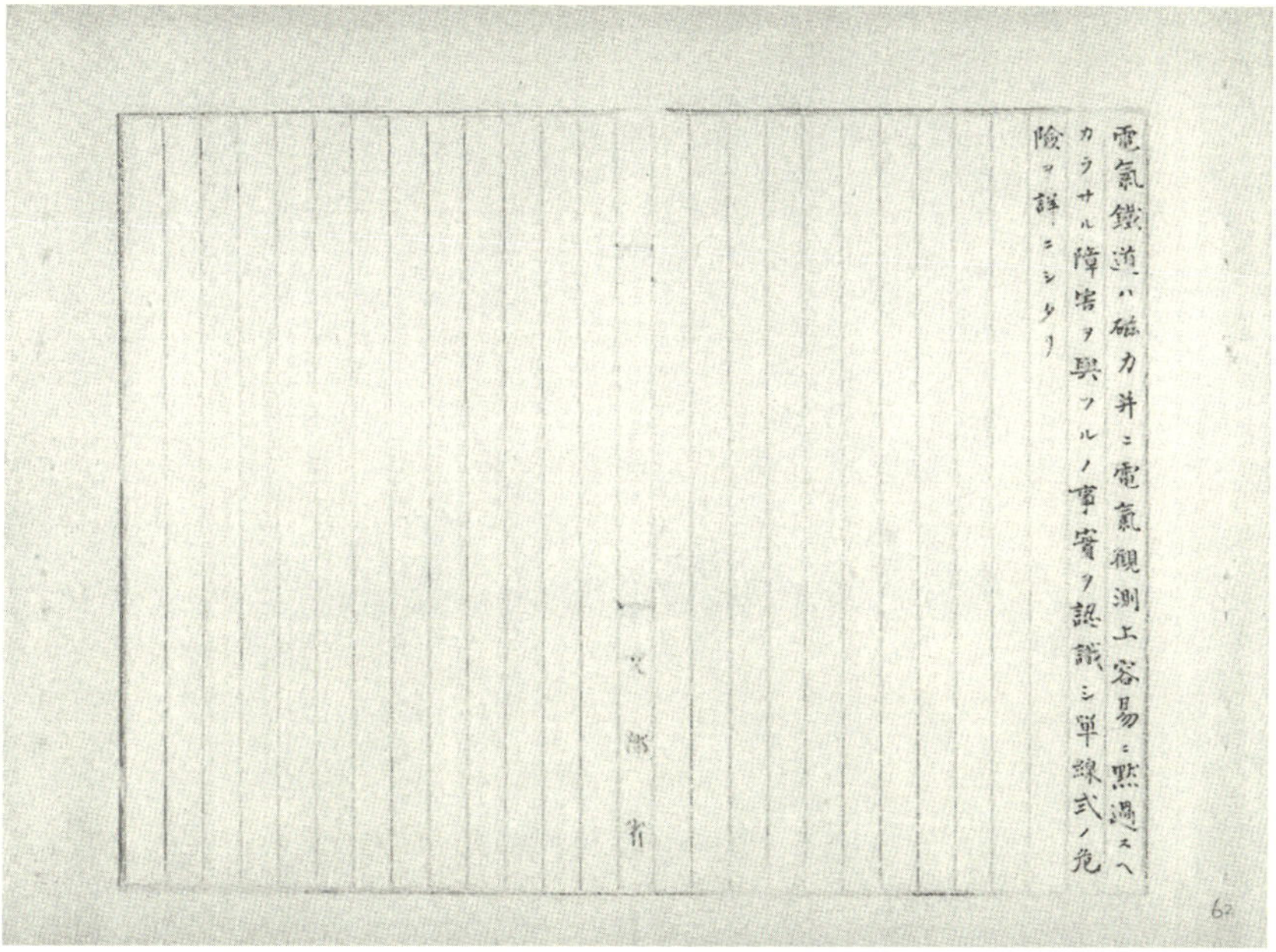
電氣鐵道ハ磁力并ニ電氣觀測上容易ニ默過スヘ
カラサル障害ヲ與フルノ事實ヲ認識シ單線式ノ危
険ヲ詳ニシタリ

文部省

62

電気鉄道ハ磁力并ニ電気観測上容易ニ黙過スヘ
カラサル障害ヲ与フルノ事実ヲ認識シ単線式ノ危
険ヲ詳ニシタリ

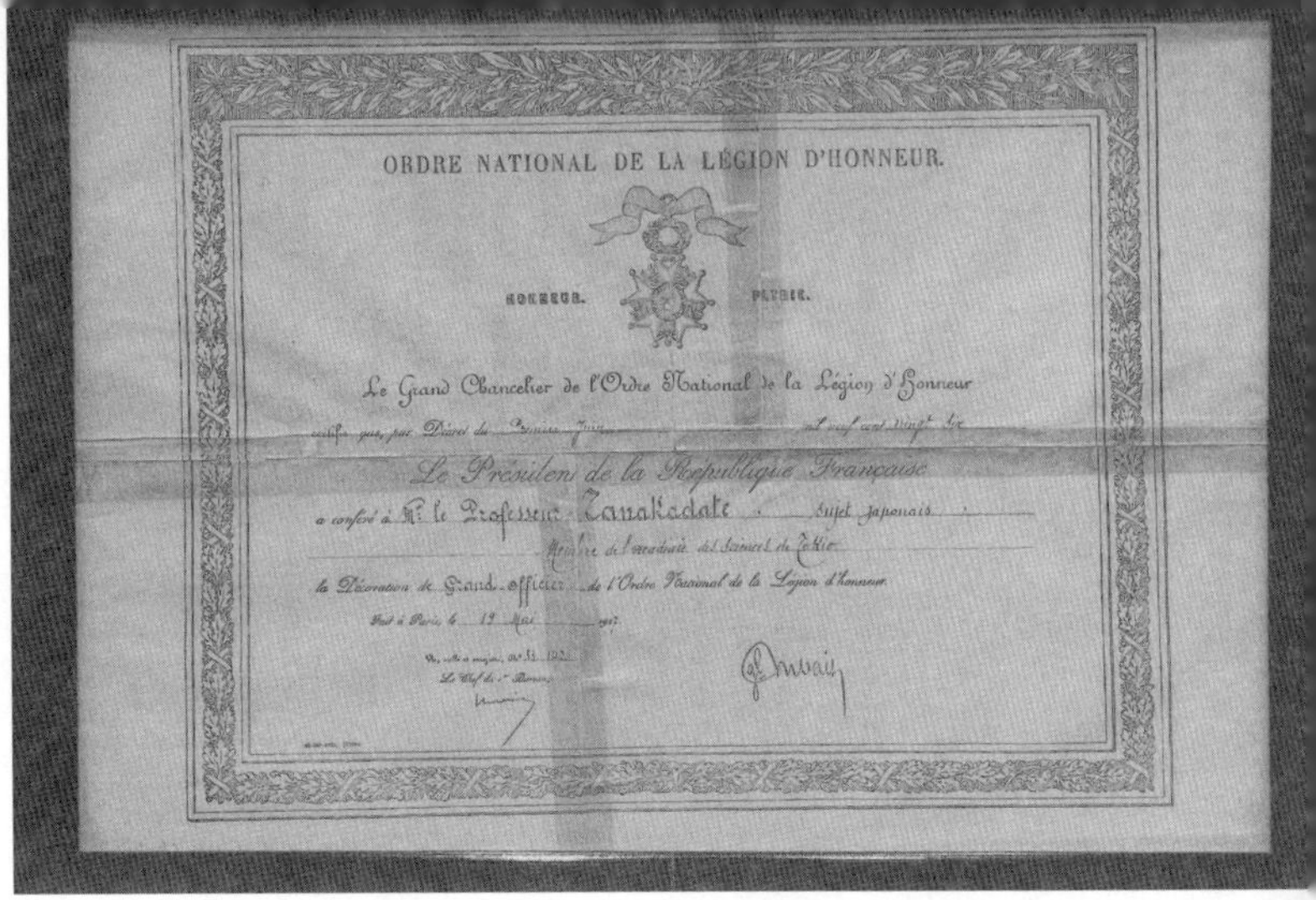

レジオン・ド・ヌール勲章の勲記

・愛橋とフランスの旅に

それまで何度かフランスの土を踏んでいた私にとって、二〇一二年の南仏の旅は一風(いっぷう)かわったものとなりました。フランス南部を旅して、はたしてどんな収穫があるかはなはだ心もとなかったのです。ところが……です。人生なにがあるかわからない。

その年の旅で私は愛橋がどんな気持ちでフランスを見ていたのか、それにいくらかなりとも近づけたように思います。

古めかしいホテルの部屋から見える眺め……恐らく愛橋が旅したころとほとんどおなじであったでしょう。それが私を当時の愛橋にぐっと近づけます。近くの古い城にも会議の合間に足をのばしたのではないか。ズーズー弁の鼻母音(びぼいん)によく似た音を持つフランス語に親しみを感じていたであろう愛橋は、ズーズー弁訛(なま)りのフランス語で田舎のレストランの客と、フランスワインを傾(かたむ)けつつ親しく語り合ったのではないでしょうか。

なんといっても愛橘をフランスに引きつけた最大の理由は、その当時フランスが航空においてもメートル法の普及に関しても世界の最先端を走っていたからであったに違いありません。それへの憧れが強烈であったからこそ、愛橘はその知恵と技術を日本へ取り入れようと必死でした。フランスのなかでも会議のために訪れることが多かったパリがやはり愛橘には一番居心地がよかったのではないでしょうか。

航空への業績でフランス政府からレジオン・ド・ヌール勲章を受けたことや不忍池(しのばずのいけ)のほとりでの日本のグライダー初飛行で協力しあった人がフランス人だったことも、愛橘を一層フランスへ近づけたことでしょう。

フランスの南部にある港町マルセイユ、その古い港のほとりに立ったとき、私の気持ちはいやがうえにも高ぶりました。ここが愛橘の国際舞台での活躍の原点であってみれば、それは当然のことです。丘のうえの教会を見上げて愛橘は何を考えたでしょう。地元の料理、愛橘にとって初めての西洋料理を口にして、愛橘は何を感じたでしょう。

愛橘にとってフランスという国は何かと縁の深い国でした。

二〇一二年の旅で、私はそれがこれまでになくはっきりと見えてきたように感じられてなりません。

旅は時として思いがけない恵みを私たちにもたらしてくれます。それが旅の醍醐味でなくてなんでしょう。

私にはそれが旅のみならず、愛橘自身が私にもたらしてくれた恵みでもあるように思えてならないのです。愛橘から私への励ましのメッセージともとれるのです。

・ローマ字についての私の思い

愛橘の提唱した日本式ローマ字は、昭和12年に正式に訓令式ローマ字として国のローマ字になったのですが、現状は連合軍の指示で普及したヘボン式ローマ字が圧倒的にローマ字の世界を支配していることに複雑な気持ちです。訓令式は外国の日本語教育に活用されている例もありますが、あくまでもそれは例外です（パソコンでは訓令式でも打てるのはひとつの救いではありますが）。なぜこうなってしまったのかを考えれば、その最大の理由はヘボン式が英語風のつづりだからです。この現状は当面かわらないでしょう。ごく限られた範囲（はんい）でだけ訓令式が使われていることに満足すべきなのでしょうか。愛橘がローマ字を提唱したのは、いまごく普通に日常見られる単語のローマ字化ではなく日本文のローマ字化です。これも当面望みはありませんね。漢字、二種のかなでじゅうぶん日本語表記に不自由しないからです。あえてローマ字をそこに追加する必要がないからです。

訓令式ならたった19文字ですべてのことを表現できるというのは、ローマ字の大きな強みです。外国人にとって学びやすいというのも日本の国際化に大きな助けになります。しかしローマ字には不便な点もいくつかあります。まずつづりの不統一（ふとういつ）です。ヘボン式、訓令式のほかに、英語風の、あるいは自己流のローマ字つづりが最近目につくようになりました。ローマ字で書こうとしてもどれで書こうかまよいます。そして長音（ちょうおん）（のばす音、たとえば東京のとう、きょうなど）の書き方がいろいろあることです。国のきまりはTôkyô か Tōkyō のどちらかです。しかし Tokyo, Toukyou, Tohkyoh, Tookyoo などの書き方も不可能ではありません。圧倒的に多いのがTokyo のようにのばすしるしをつけない書き方です。JR東日本の駅名にはすべて横棒ののばすしるしがついています。これはむしろ例外中の例外ですが、私はそれをみるたびにうれしくなります。私鉄のなかには横棒をつけなくなった会社もあります。

つぎに英語風のつづりの例をいくつかあげます。たとえば、kのかわりにc、rのかわりにlを使うことです。女性の名前の…子にkoのかわりにcoを使う例もあります。kやrでは英語風にみえずカッコわるいということなのでしょうか。

最近酎ハイの缶にCHU－HIと書いてあるのをみつけました。まるで判じ物です。ことばをこのように遊びの一種と考えれば楽しくなれるという考え方もできますが。

・私のローマ字運動

私がいつごろからローマ字運動に興味をもつようになったのか、はっきりおぼえていません。はっきりいえることは、愛橘が私といっしょにくらしていたあいだ、私に直接ローマ字の話をしたりローマ字運動をすすめたおぼえがまったくないことです。若かった母（愛橘の孫）にはタイプライターの打ちかたをおしえたり、ローマ字団体が販売していたローマ字ゆかたをあたえたりしていたのとは大ちがいです。おそらく母はひとりっこで、私は5人のひ孫の一番上という事情も関連しているかもしれません。それでも、父もローマ字運動にかかわっていたということもあり、私もすこしずつローマ字運動に興味をもちはじめていたのでしょう。決定的だったのは、専任の高校教諭としての最後の年に、あるローマ字団体の理事長だった柴田武(しばたたけし)氏から理事長を退(しりぞ)くのであとをたのむとじきじきに話があったときです。愛橘など3人の学者が設立した由緒(ゆいしょ)あるローマ字団体の理事長という重責(じゅうせき)にとても耐(た)えられないという思いから何度もおことわりしましたが、結局拝(おが)み倒されました。

7年間の理事長職は楽ではありませんでした。催しの企画と実施、機関紙の編集と発行、官庁や外部団体との連絡、経理など仕事が山ほどあり、かなりの負担でしたが、私にとってはそれらはつらくもあり、またたのしくもあったのです。大変勉強になりました。ついくじけそうになると、どこからともなく愛橘の声がきこえてくるようでした。愛橘のローマ字精神をいつも念頭(ねんとう)におきながら、つつがなく7年間の任期を終えました。私が理事長をつとめていたローマ字団体の設立一〇〇周年の式典を無事施行(しこう)できたことは、わたしにとって大きなよろこびでした。愛橘に関する連載(れんさい)を2本（そのうち1本は理事長就任より以前）機関誌に掲載できたのもいい思い出となっています。

あとがき

若いみなさんはこの伝記を読んで何を考えましたか。

伝記を読みくらべてみると、人によって人生さまざま、生き方さまざまであることがよくわかります。そんなことあたりまえじゃないといわれてしまいそうですね。私としては、伝記の中でふれた愛橘がやった仕事をおぼえるなどということはしないで、愛橘らしさ、いかにも愛橘らしい生き方、考え方から何かを学びとってそれを自分の生き方の参考にし、出来ればそれを社会のためにいかしてほしい――ただそれだけです。深刻に考えずに気楽に愛橘を考えましょう。愛橘がすきだった遊び心、ゆったりした気分で愛橘のとなりにすわりましょう。愛橘の声がきこえてきますよ。ズーズー弁だからすこしわかりにくいかしれませんが、気にしない、気にしない。愛橘のうしろにアインシュタインの姿がみえるかも…。

愛橘の書いた本はわずかで、今は本屋で手にはいりません。論文も物理学やローマ字についてがほとんどで、英語やフランス語で書かれているため理解できないでしょう。いま愛橘について一番手にいれやすいのが岩手県二戸市のシビックセンターで売っている『私

の父　田中舘愛橘』という本でしょう。〇一九五－二五－五四一一に電話で注文すればすぐ送ってくれます。読みやすい本で参考になりそうな資料や写真もつけ加えられています。

　私が参考文献としてあげた本の中にもおもしろいものがあると思います。石川啄木のローマ字日記は愛橘が考えた日本式ローマ字でも書かれていて、のばすしるしの＾もきちんとつけられています。

『アインシュタイン　日本で相対論を語る』という本の中には、愛橘とアインシュタインがいっしょにうつっている写真が、なんと4枚もおさめられているのです。（P・172・P・173参照）参考文献をひもとけば、これ以外にも意外な発見をすることができるでしょう。

　さあ愛橘といっしょに希望をもって一歩をふみ出しましょう。私も応援していますからね。

　この本ができあがるまでに、藤井茂様や銀の鈴社など多くの方がたのお世話になりました。ほんとうにありがとうございました。妻の郁子の内助の功も忘れられません。ありがとう！

杉元賢治編訳　『アインシュタイン　日本で相対論を語る』　講談社　2006.1
梅渓昇　『お雇い外国人：明治日本の脇役たち』　講談社　2007.2
日本地震学会地震予知検討委員会編　『地震予知の科学』　東京大学出版会　2007.5
千葉文齋　「田中舘愛橘記念科学館の立案から完成までの経過に関するノート」　田中舘愛橘研究会会誌『Aikitu』第１号所収　2008.5
森谷武男　『地震予報のできる時代へ―電波地震観測者の挑戦』　青灯社　2009.11
村上陽一郎編　『日本の科学者101』　新書館　2010.10
村岡正明　『初飛行』　光人社ＮＦ文庫　2010.5
アーリング・ノルビ　千葉喜久枝訳　『ノーベル賞はこうして決まる：選考者が語る自然科学三賞の真実』　創元社　2011.11
山田風太郎　『人間臨終図巻④』　徳間文庫　2011.12
茂木清夫　『地震予知を考える』　岩波新書　2011.4
岡田恒男・土岐憲三　『地震防災のはなし　都市直下地震に備える―』　朝倉書店　2011.4
北尾利人　『知っていそうで知らないノーベル賞の話』　平凡社新書　2011.9
松浦明　「田中舘愛橘とローマ字」　茅島篤編著　『日本語表記の新地平―漢字の未来・ローマ字の可能性― 』所収　くろしお出版　2012.11
松浦明　「文明開化期の田中舘愛橘の英語資料」“HOSEI　REVIEW”（法政評論）№.21 所収　法政評論研究会　2012.3
吉田春雄　「尺貫法からメートル法へ」田中舘愛橘研究会会誌『Aikitu』第３号（没後60年記念号）所収　2013.8
竹内基樹　「学士院における田中舘愛橘」田中舘愛橘研究会会誌『Aikitu』第３号（没後60年記念号）所収　2013.8
松浦明　「田中舘愛橘と国際会議」“HOSEI　REVIEW”（法政評論）№.22 所収　法政評論研究会　2015.3

参考文献一覧（刊行年順）

Tanakadate Aikitu 『TOKI WA UTURU』 鳳文書林 1923
田中舘愛橘 『葛の根』 日本のローマ字社 1938
中村清二 『田中館愛橘先生』 鳳文書林 1946
「ノーベル賞と日本文化 田中館先生にきく」『少年少女』 第三巻第二号 中央公論社所収 1950.2
吉田澄夫・井之口有一共編所収 「本會雑誌ヲ羅馬字ニテ發兌スルノ發議及ヒ羅馬字用法意見」 田中館愛橘 『国字問題論集』 冨山房 1950.11
石川啄木 石川啄木詩集 角川文庫 角川書店 1965.3
宮沢俊義 『天皇機関説事件』（上）（下） 有斐閣 1970
桑原武夫編訳 "ROMAZI NIKKI" ISIKAWA TAKUBOKU（啄木・ローマ字日記） 岩波文庫 岩波書店 1977.9
『帝国議会誌』 第一期第二巻 東洋文化社 1975.8
向坊隆（ほか）著 『明治・大正の学者たち』 東京大学出版会 1978.2
米倉守 『中村彝 運命の図像』 日動出版部 1983.9
富田仁編集『海を越えた日本人名事典』 日外アソシエーツ 1985.12
東京大学百年史編集委員会『東京大學百年史 部局第二』東京大学 1987
橘田広国 "Nippon no Rômazi-undô"『日本のローマ字運動』 日本ローマ字教育研究会 1992.7
オリーブ・チェックランド 杉山忠平・玉置紀夫訳 『明治日本とイギリス 出会い・技術移転・ネットワークの形成』 りぶらりあ選書 法政大学出版局 1996.6
下坂真 「辞職表明事件と定年制—田中舘愛橘」『スキャンダルの科学史』『科学朝日』編 朝日選書所収 朝日新聞社 1997.1
湯川秀樹 『旅人：ある物理学者の回想』 日本図書センター 1997.6
『人物20世紀』 講談社 1998.11
田中舘美稲 『私の父 田中舘愛橘』 二戸市 1999
松浦明 「国際的物理学者・田中館愛橘のめざしたこと」『法政女子紀要』 第19号所収 2001
臼井勝美（ほか）編 『日本近現代人名辞典』 吉川弘文館 2001.7
茂木清夫 『地震のはなし』 朝倉書店 2002.8

験体験工房

の中の科学から先端科学技術まで
まざまな実験装置、子どもから大
るサイエンスショー、コンピュー
戸の自然データベース。

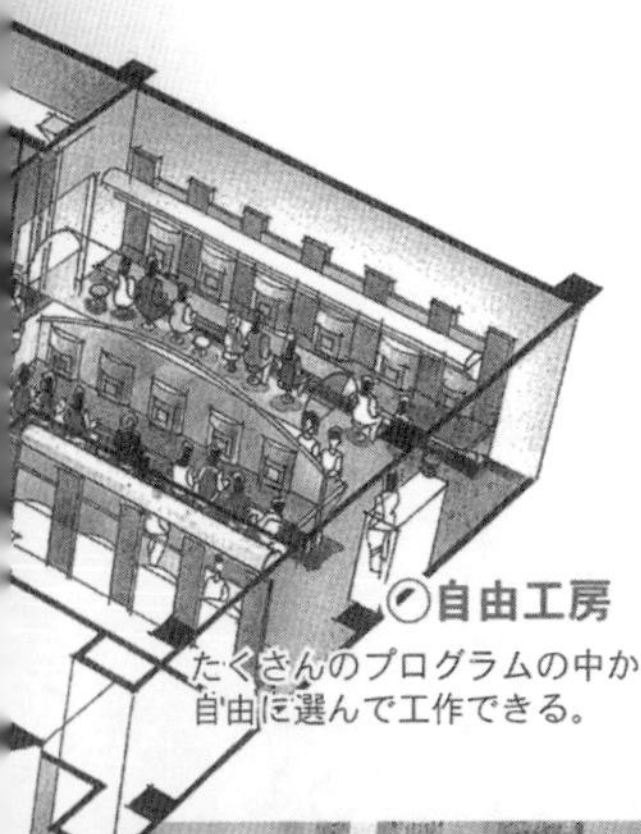

自由工房

たくさんのプログラムの中から
自由に選んで工作できる。

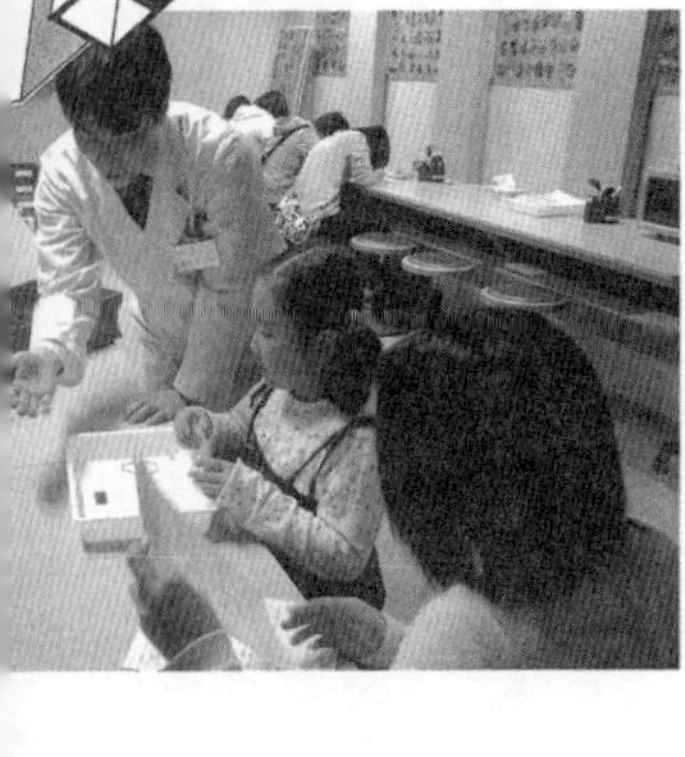

NINOHECITY CIVIC CENTER

田中舘愛橘
記念科学館

TANAKADATE AIKITU
MEMORIAL SCIENCE MUSEUM

二戸市シビックセンター

〒028-6103 岩手県二戸市石切所字荷渡6-2
TEL・0195-25-5411 FAX・0195-23-3548
■ホームページ http://www.civic.ninohe.iwate.jp
■交通案内・JR東北線二戸駅下車、徒歩15分、タクシー3分
・高速道路 一戸インターより10分、浄法寺インターより20分

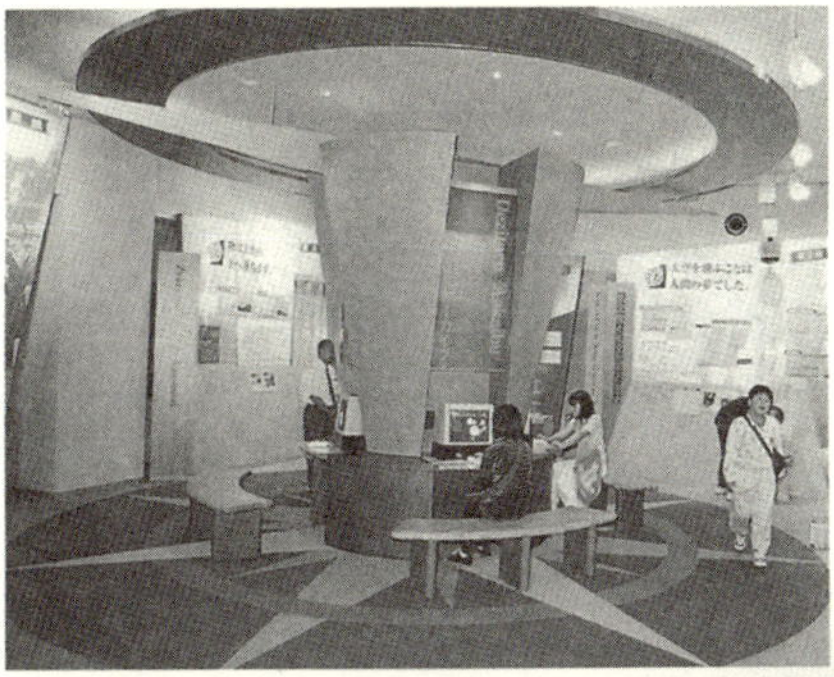

落下実験装置

オーロラ発生装置

◯田中舘愛橘博士記念工房

日本の科学技術史のあゆみ、
博士の業績をパネル・
実験装置等により
テーマごとに紹介、
博士と日本人
科学者100人の
デジタル
アーカイブ

◯科

身近
体験て
人まで
ターて

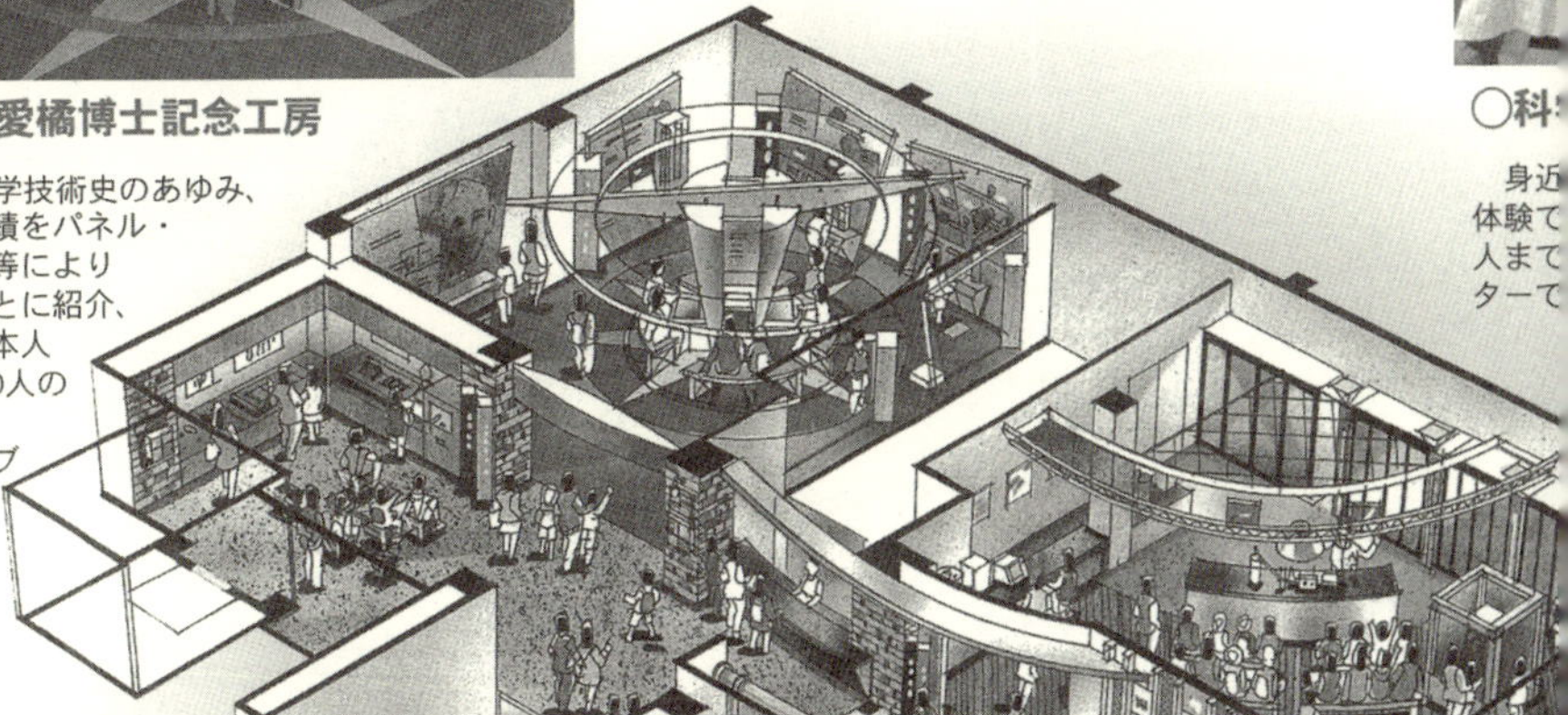

◯エントランス

博士の遺品やローマ字の遺墨の展示、
映像で紹介する「田中舘愛橘物語」

シャボン膜の中に
入ってみよう

風洞実験装置

郷土が生んだ偉大な物理学者

たなかだて　あいきつ

田中舘　愛　橘

■博士の業績

博士の研究活動は国際学界でも認められ、その教えを受けた研究者たちはいずれも世界的に重要な業績を残しました。このようにして日本の科学技術が進歩するための基礎をつくり、世界に通用する研究や技術の発展をうながしました。

■重　　力

日本各地の重力を測定して貴重な記録を残しました。重力測定技術の基礎を築き、測地学の発展に努めました。

■地　磁　気

全国各地の地磁気を観測・分析し、地磁気の異常と地震とがどのように結びつくかという研究の道を開きました。そして、緯度変化の観測と解析へと発展させました。

■飛　行　機

日本へ航空工学を紹介し、飛行機製作技術の発達を助けました。東京大学航空研究所の創設をうながし、その活動は日本の科学技術を世界の最先端へと導きました。

■メートル法

日本の度量衡の統一と普及に貢献しました。万国度量衡会議へ出席し、メートル法の整備と国際的な統一に力を注ぎました。

■地　　震

濃尾大地震の調査で根尾谷大断層を発見しました。文部省震災予防調査会発足のきっかけをつくり、その活動を支えました。

■ローマ字

日本語の国際化を目指してローマ字表記の普及と統一化の運動を盛り上げ、国際社会との文化交流を図りました。

■博士が好んで書いたローマ字の和歌

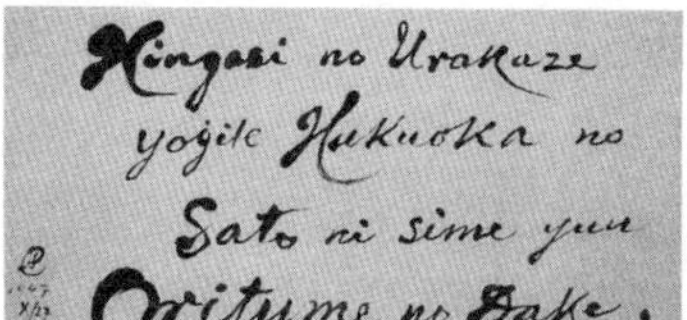

ホールの緞帳

ひんがしの浦風
よぎて福岡の
里にしめゆう
折爪の岳

※冷害をもたらす三陸海岸からの冷たい風（やませ）が福岡の里に吹き込まないよう折爪岳が立ちふさがって護ってくれている様子を詠った。

■地球第２の衛星

愛橘は明治31年から昭和10年までの38年間に20回渡航し、会議・学会への出席は68回を数えました。その行動は「地球には二つの衛星がある。一つは月だが、第二の衛星は田中舘だ。彼は１年に一度地球を回ってやって来る。」といわれました。

■愛橘と交流のあった科学者

・キュリー夫人（ポーランド：化学・物理学者）
・ギョーム（スイス：金属・物理学者）
・アインシュタイン（ドイツ：物理学者）
・レントゲン（ドイツ：物理学者）

田中舘愛橘博士の生涯

・安政３年（1856）　陸奥国二戸郡福岡村（現在の二戸市福岡）で生まれる
・明治３年（1870）　盛岡藩校修文所入学、和漢の学問を修める（14歳）
・明治５年（1872）　一家で東京へ移住／慶應義塾英語学校に入学
・明治９年（1876）　東京開成学校入学
・明治11年（1878）　東京大学理学部本科入学（22歳）
・明治15年（1882）　東京大学卒業、準助教授となる
・明治21年（1888）　グラスゴー大学（イギリス）留学、２年後ベルリン大学（ドイツ）へ転学
・明治24年（1891）　帰国し、帝国大学理科大学教授（理学博士）となる／濃尾大地震の調査で根尾谷大断層を発見
・明治26年（1893）　本宿キヨ子と結婚（37歳）
・明治27年（1894）　長女美稲誕生／産後の病により夫人逝去／万国測地学協会委員となる
・明治39年（1906）　帝国学士院会員となる（50歳）
・明治40年（1907）　万国度量衡会議常任委員となる
・明治43年（1910）　航空事業視察のため欧州へ派遣／ローマ字新聞創刊、翌年ローマ字世界創刊
・大正３年（1914）　文部省測地学委員会委員長となる
・大正５年（1916）　勲一等瑞宝章受章／帝国大学教授在職25年祝賀会の日に辞表を提出（60歳）
・大正６年（1917）　東京帝国大学名誉教授となる
・大正７年（1918）　東京帝国大学航空研究所創立、顧問となる
・大正10年（1921）　航空評議会評議員となる
・大正14年（1925）　文部省学術研究会議副議長／貴族院議員となる
・大正15年（1926）　郷里福岡町において古稀祝賀会／震災予防評議会評議員となる／大平洋学術会議副議長（70歳）
・昭和３年（1928）　航空事業に対し、フランス政府よりレジョン・ドヌール勲章を受章
・昭和５年（1930）　文部省臨時ローマ字調査委員会委員となる
・昭和７年（1932）　貴族院議員再選
・昭和13年（1938）　科学振興調査会委員／航空機技術委員会委員
・昭和14年（1939）　中央航空研究所施設委員会委員となる／貴族院議員３選（83歳）
・昭和15年（1940）　帝国学士院第二部部長となる
・昭和19年（1944）　文化勲章受章／朝日文化賞受賞（88歳）
・昭和20年（1945）　郷里福岡町に疎開
・昭和26年（1951）　福岡町名誉町民となる
・昭和27年（1952）　東京、経堂の自宅で永眠（95歳）
日本初の学士院葬／福岡町町葬
⋮
・平成11年（1999）　郷里二戸市に田中舘愛橘記念科学館がオープン
・平成14年（2002）　没後50年記念事業挙行／文化人切手発行

■田中舘愛橘記念科学館のご案内

・休 館 日　月曜日（祝日の場合は翌日）、祝日の翌日、年末年始
・閉館時間　９：00～17：00（入館は16：30まで）
・入 館 料　一般・高校生２００円、中学生・小学生１００円
団　体　一般・高校生１６０円、中学生・小学生　８０円
福田繁雄デザイン館・田中舘愛橘記念科学館共通入館券
一般・高校生３６０円、中学生・小学生１８０円
工作受付時間　午前９：30～11：00午後13：00～16：00

松浦　明（まつうら　あきら）

1937年（昭和12年）東京生まれ。愛橘と昭和20年まで雑司ヶ谷の邸宅に住む。その年の３月にふるさとの岩手県福岡町に疎開。約半年後、東京の世田谷区経堂に移る。愛橘は明が中学３年生のとき自宅で死去。

法政大学文学部英文学科卒。同大学院修士課程（英文学専攻）を修了。

昭和40年から高校教諭として英語を担当。のちにふたつの大学でも英語を担当することになる。長年実用英語技能検定試験（英検）の仕事（主に面接委員として）にたずさわる。

一方、長年にわたり大学と高校の紀要に愛橘のことや外来語、時事英語など広い分野にわたって数十本の論文や論考を発表する。国内外の学会でも同じテーマで発表し貴重な経験をつむ。

63歳で高校を、70歳で大学を退く。７年間ローマ字団体の理事長、９年半愛橘研究会会長をつとめる。

愛橘のふるさと二戸市に愛橘記念科学館が開館したとき明所蔵の愛橘資料約１万点を市に寄贈。高校在職中から愛橘研究を始め、それ以来講演や執筆を続けて現在に至る。共著に『はじめてのローマ字の本』『日本語表記の新地平』などがある。

ジュニアノンフィクション
田中舘愛橘（たなかだてあいきつ）ものがたり
——ひ孫（まご）が語る「日本物理学の祖（そ）」——

二〇一六年五月二一日　発行
定価・本体価格一、八〇〇円+税

著　者——松浦　明©
発行者——柴崎　聡・西野真由美
発行所——㈱銀の鈴社　http://www.ginsuzu/com
〒248—0005　神奈川県鎌倉市雪ノ下三—八—三三
電　話　〇四六七—六一—一九三〇
ＦＡＸ　〇四六七—六一—一九三一

ISBN 978-4-87786-547-4 C8095

印刷・電算印刷　製本・渋谷文泉閣
〈落丁・乱丁はおとりかえいたします〉